# 주역으로 배우는 운명학

김승호 주역 인문학자

동학사

## 프롤로그

그리스 신화에 모이라이(Moriai)라는 여신이 등장한다. 이 여신은 한 명을 얘기하는 것이 아니라 세 명의 자매를 통칭하여 하나의 이름으로 부르는 것이다. 이 여신은 운명의 여신인 바 세상의 모든 사람의 운명을 기획하고 관리하는 역할을 한다고 알려져 있다. 이들은 끈으로 사람을 꽁꽁 묶어 운명의 틀속에 집어넣어 그 안에서 살게 하는 것이다. 이른바 운명의 끈인데 그 누구도 거기서 빠져나올 수가 없다고 한다. 운명의 신이 있고 그 신이 사람을 끈으로 묶어 놓는다고 하면 과연 운명의 모습을 그대로 그린 것 같다. 운명이란 묶여 있거나 또는 갇혀 있다고 말해도 될 것이다.

인도의 전설에는 아주 넓은 그물이 나오는데 이 그물은 너무나 넓어 그 누구도 그 안에서 나올 수가 없다고 하는 바 두 신화는 같은 내용을 다루고 있는 것이다. 운명이란 것이 과연 있다면 필경 이런 형식으로 되어 있을 수밖에 없다. 그래서 운명이라고 말하는 것이 아닌가! 문제는 운명이 있느냐이다. 이에 대해서는 많은 생각이 있을 수 있다. 운명이 있다고 생각하는 사람은 그렇다면 우주는 뻔하게 정해져있어 살아갈 필요가 있겠느냐고 말한다. 한편 운명이 없다는 사람은 이는 미래가 없다는 뜻이니 이 또한 모순이라고 말한다. 미래가 무작위로 일어난다고 해도 결국 미래는 있는 것이 아니냐는 뜻이다. 그러나 미래가 있다고 해서 그 모든 것이 정해진 것이라고 말할 수는 없는 법이다. 어떤 미래는 주사위 던지듯 미리 결정된 바 없고 또 어떤 미래는 정해진 것일 수도 있는 것이다.

이 책은 운명이 있다는 것과 미래에는 자유도 있다는 것을 동시에 밝히고 있다. 하지만 운명이란 것이 조금이라도 있다면 그것은 우리를 묶어 놓는 것이니 이에 대해서는 반드시 알아두어야 할 것이다. 운명인줄 모르고 헛수고를 하거나 혹은 평생을 어리석게 보낼 수도 있기 때문이다. 인생에 있어 운명보다 무서운 것은 있을 수 없다. 그래서 공자는 말했다. 군자는 세 가지 두려워해야 할 바가 있는데 그중 첫째가 운명이라고…… 운명이란 것은 공자도 두려워했던 것인데 성인이 이렇게 생각했었다면 필경 운명은 있다고 봐야할 것같다. 이 책에서는 운명은 있고 또한 있어야 한다는 이유를 설명하고 있다. 운명이란 사람뿐 아니라 대자연 자체가 겪어야 하는 과정인 것이다. 만약 우주에 운명이란 것이 없다면 오히려 모순에 빠진다.

　과학이란 것은 실은 운명을 밝히는 학문에 지나지 않는다. 온갖 자연현상은 필연성을 갖고 있기 때문에 우리는 미래의 현상들을 추정할 수 있는 것이다. 원인에 따른 결과란 운명의 한 모습일 뿐이다. 운명은 다른 말로 자연의 법칙 그 자체를 말하는 것이다. 우리는 이 법칙에 주목해야 한다. 그리하여 미래를 예측하고 대비하거나 또는 각오를 해야 할 것이다. 인생의 행복이란 노력도 중요하지만 결국 성공에 이르러야 하지 않겠는가! 그래서 운명은 기필코 알아야 하는 것이다. 재차 얘기하지만 모든 것이 운명이라는 것은 아니다. 하지만 운명이란 것도 있다는 것을 말하고자 할 뿐이다.

　구체적인 내용은 이 책을 읽어가면서 차츰 전개될 것이다. 여기서 간단히 말하자면 이는 시간의 지도와 같은 것이다. 거창하게 예언이라고 말해도 좋다. 어쨌거나 미래를 조금도 예측할 수 없다면 이는 매우 위험할 것이다. 될 일과 안될 일을 미리 알아야 하는 법이다. 또한 운명이란 것이 있다면 그것을 포착하고 거기에 부합하는 행동을 해야 할 것이다. 이른바 기회 또는 찬스라고 하는 것인데 우리가 만약 운명의 순간을 알 수 있다면 인생의 성공은 그만큼 가능성이 넓어질 것이 틀림없다. 그리고 나쁜 운명이 있다면 그것을 피해갈 수 있는 방법도 알아야 하는 것이다. 세상만사는 가까이 보면 내가 선택하는 것 같지만 멀리서 보면 결국 운명의 틀에서 벗어날 수 없는 법이다. 신화를 믿거나 믿지 않거나는 자유이다. 그러나 신화처럼 어떤 일은 운명이라면 이것을 모르면 모든 것이 실패로 끝날 수도 있다.

이 책에서는 운명을 아는 방법을 제시하고 있는데 그것은 주역이라는 학문의 원리를 통해서이다. 주역은 공자가 평생 공부하고도 더하지 못해 아쉬워했던 것으로 현대에 와서는 아인슈타인, 닐스 보어, 칼 융, 라이프니츠 등 많은 과학자들이 깊게 연구한 바 있다. 주역은 우주최고의 학문이다. 이를 통해 우리는 운명마저 알 수 있는 것이다. 그리고 또한 주역을 통해 어느 정도는 우리가 원하는 미래를 창조할 수도 있다. 운명을 창조한다는 것, 실은 이것이 이 책의 절대 명제이다. 그리하여 인생이 행복하고 보람있게 되기를 필자는 기원한다. 반드시 그렇게 될 것을 믿으면서……

# 주역으로 배우는 운명학

## 【 차례 】

## 부록

주역으로 배우는 운명학

# 상대를 공격하려해도
# 때가 있는 법

**먼 옛날 맹자가 살던 시대의 일이다.** 어느 날 그 나라의 실력자가 맹자를 찾아왔다. 그리고 물었다.

"선생님, 나쁜 제후가 있는데 그자를 공격해야겠습니까?"

찾아온 제후는 변방에 있는 어떤 제후가 황음무도하므로 응징을 해야 되지 않느냐고 맹자에게 물었던 것이다. 그 제후가 누구였는지는 맹자도 잘 알고 있었다. 당시 맹자는 천하에 이름을 떨치고 있는 현자였다. 찾아온 제후는 벼르던 일을 실행하고자 신중하게 맹자에게 물었던 것인데 맹자가 찬성하면 좋은 명분을 얻게 되는 것이었다. 맹자가 대답했다.

"예, 그자는 쳐야 마땅합니다."

이때 제후는 속으로 '옳지 됐다' 생각하고는 감사를 표했다.

"감사합니다. 선생님."

제후는 득의만만하게 떠나갔는데 얼마간 세월이 흐른 후 맹자를 다시 찾아왔다. 그는 대뜸 말했다.

"선생님. 저를 왜 그리 곤란에 처하게 만듭니까?"

맹자는 어이가 없었다. 하지만 표정을 밝게 하고 물었다.

"무슨 일인데 그러십니까?"

제후가 대답했다.

"선생님은 얼마 전 그 나쁜 놈을 치라고 하지 않으셨습니까?"

"그런데요?"

맹자는 태연했다. 그러나 제후는 분노의 얼굴과 큰 소리로 말을 이었다.

"선생님! 저는 선생님 말씀만을 믿고 그놈을 쳤는데 패하고 말았습니다. 선생님은 왜 그렇게 말씀 하셨습니까?"

맹자가 대답했다.

"제가 말씀드린 것은 그놈을 치라는 것이었습니다. 하지만 언제 치라고는 말씀드린 적은 없습니다. 그자를 치는 시각은 대인께서 정한 것이 아닙니까?"

제후는 이 말을 듣고 잠시 생각하더니 다시 물었다.

"선생님, 그게 뭐 그리 중요합니까? 그놈을 치면 제가 이겨야 하지 않나요? 그놈은 죄인인데……"

맹자가 쓴 웃음을 지면서 대답했다.

"네, 그자는 죄인입니다. 쳐야할 명분은 충분합니다. 하지만 그 전쟁에서 이기기 위해서는 시기가 가장 중요합니다. 아무때나 쳐들어간다고 이기는 것은 아닙니다. 대인께서는 신중하지 못하셨습니다. 세상만사는 시기를 잘 선택하셔야 하는 것이지요……"

제후의 얼굴은 조금 밝아졌다. 그는 고개를 끄덕이더니 예의를 표했다.

"선생님, 잘 알겠습니다. 죄송합니다."

제후는 이렇게 물러갔다. 속으로는 맹자의 가르침을 깊게 새기고 있었을까!…… 내용은 간단하다. 시기를 선택해야 한다는 것…… 이는 천지인 삼재중에 천시(天時)를 지적하는 것으로 우주대자연의 중요한 원리이다. 사람들은 일을 도모함에 있어 천시를 간과하기 쉽다. 시간의 선택은 운명의 흐름을 감지하고 잘 되고 있을 순간을 고르는 것이다. 이를 두고 하늘에 순응한다고 말을 한다.

주역의 간위산(艮為山)에 이런 말이 있다. 시류(時流)가 정지하면 서야 하며 시류가 움직일 때 움직여야 한다고…… 너무나 당연한 얘기이다. 논밭에 씨를 뿌리는 것도 때가 있는 법이다. 산을 오르는 사람도 시간을 잘못 택하면 큰 사고를 당하지 않는가!

# 대체 결혼은
# 언제 해야 되는건가?

**A는 사업가였다.** 그동안은 잘 나갔는데 최근에 와서는 다소 문제가 발생하고 있었다. 호황을 누리던 종류의 사업에 전국적으로 불황이 도래한 것이다. A는 업계의 정보도 폭넓게 알아보고 앞으로 완전히 망하지는 않을 것이라는 낙관적인 판단을 하고 있었다. 머지않아 큰 계약도 기다리는 중이다. 이번 일만 성사되면 사업은 회생할 것이었다. 하지만 계약이 성사되지 않을 경우 다시 어려움에 봉착할 수도 있었다. 말하자면 머지않은 장래에 사업의 흥망이 기로에 설 판이었다. 그러나 A는 성격이 낙천적이어서 별일 없겠지…… 하면서 지내는 중이다.

한편 A는 중요한 행사를 앞두고 있었다. 아들이 곧 결혼하게 되는데 신부 측 집안이 괜찮아서 A는 마음이 놓였다. 명문집안의 딸을 며느리로 맞이하는 것이어서 신명이 났고 그래서 결혼날짜를 급히 서둘렀다. 신부 측에서는 3개월 정도 미루어도 좋다고 말했다. 하지만 A는 빨리 치르자 했고 그렇게 하기로 되어 있었다. A의 생각은 이랬다. 머지않아 계약이 잘 성사되어 사업은 괘도에 오를 것이다. 그리고 명문집안의 딸을 며느리로 맞아들이면서 가정도 명예롭고 행복해질 것으로 믿었다. 그럴 수도 있었다. 사업이 잘 되면서 아들이 결혼까지 하면 가족의 운명은 승승장구하는 셈이었다. A의 생각은 여기까지였다.

그러나 결혼 날짜는 조금 미루는 것이 좋았다. 왜냐하면 큰 행사를 겹치게 하는 것은 일단 불길하다고 봐야한다. 좋은 일을 한꺼번에 이룩하고자 하는 것은 욕심이다. 우선 사업의 추이를 봐야하는 것이다. 이즈음 아들의 사업도 기로에 서 있는 중이었다. 자금 압박을 심하게 받고 있었는데 결혼을 하면 만사가 형통할 것이라고 생각한 것이다. 하지만 만사가 뜻대로 되는 것은 아니다. 결국 A의 사업계약은 성사되지 못했다. 이로써 결혼 분위기는 상당히 가라앉았다. 게다가 아들의 사업도 난관에 봉착하고 있었다. 이런 상황에서 성대한 결혼식을 치른 것이다.

A의 사업은 이로부터 점점 더 나빠졌고 아들도 마찬가지였다. A

와 그 아들의 사업이 부도를 맞았고 아들 가정의 분위기는 급격히 냉랭해졌다. 당장 사업이 무너지고 있는데 가정생활이 원만하겠는가! 부부싸움이 잦았고 결국 이혼에 이르고 말았다. 이 또한 A집안에 치명적인 결과를 주었다. 이제 A집안은 만사가 파탄이 난 것이다. 결혼 후 3개월만의 일이었다. 무엇이 잘못되었던 것일까? 그것은 두말할 것도 없이 결혼의 시기였다. 사업이 불안한 시기에 새로운 가정은 꾸미는 것이 아니다. 마찬가지로 집안 어른이 갑자기 병이 났다면 결혼을 서둘러야 하겠는가! 결혼이란 모든 일에 안정을 취한 다음에 해야 하는 것이다. 신부 측에서 서두를 것이 없다고 하는데도 결혼을 서두를 이유가 무엇이란 말인가!

결혼으로 행운이 찾아올 것을 기대한단 말인가? 결혼이란 행복에 이용되는 것이 아니라 행복할 때 결혼하는 것이다. A는 가족이 한 사람 늘게 되어 부담이 커졌고 그 아들은 부부싸움에 휩싸였다. 모두 예측할 수 있었던 일이다. 옛말에 돈 몇 푼 더 벌지 말고 식구를 줄여라 라는 말이 있다. 가정에 식구를 늘리려면 조건이 성숙할 때 하는 것이다. 결혼을 서두르는 바람에 짐만 가중되고 이제는 이혼의 부담까지 떠안게 되었다. 가득 찬 호수의 물은 한 방울도 부담스러운 법이다. 사업의 성패가 머지않아 닥칠 터인데 기운을 소모한 것이다. 운명은 조그마한 기운에 의해서도 방향이 바뀔 수 있는 법이다. 만약 결혼을 3개월 또는 몇 개월 더 미루었다면 상황이 어떻게 되었을까? 아들은 에너지를 낭비하지 않고 기력을 회복할 수도 있었을 것이다. 결혼에 올인하는 바람에 영혼의 기력을 탕진하게 되었다.

그리고 또 부득이 하다면 얼마든지 결혼을 조금 미룰 수도 있었다. 그러면 A의 사업도 숨 쉴 수 있는 구멍이 생길 수 있었다. 그러나 아들이 이렇게 무너지니 A도 그렇게 될 수밖에 없었다. 영혼이 위축되었기 때문이다.

# 당신은
# 평범한 사람이야

　　**B는 대기업의 직원으로 성실히 근무하다 정년퇴직했다.** 요즘에 정년퇴직한 사람이라 해도 나이가 그리 많은 것도 아니고 일을 더 할 수 있을 만큼 건강에도 문제가 없었다. 따라서 B는 사회생활을 연장하기 원했다. 당장 생활비 때문은 아니다. 그저 일할 수 있는 나이에 놀고만 지내는 것이 갑갑할 뿐이었다. 그래서 새로 일자리를 찾고자 했지만 취직은 뜻대로 되지 않았다. 결국 조그마한 장사라도 하면 어떨까 생각하게 되었다. 마침 퇴직금이 있고 아이들은 다 커서 생활비가 많이 들어가는 것도 아니었다.

　　B는 그동안 살면서 보고 들은 것이 있어서 자그마한 장사 정도는 할 수 있으려니 생각했다. 그래서 바로 시작했다. 동네 어귀에 값싼 술집을 차리게 된 것이다. 평소 긴긴 세월 생각해 둔 것이기도 했

다. B는 예전에 술 마시러 갈 때 종종 이런 일을 해보면 어떨까 생각했던 것이고 나름 노하우도 있었다. 좋은 고기를 조달하는 방법인데 친지 중에 그런 사업을 하는 사람이 있어서 안성맞춤이었다. 이래저래 장사로 떠밀렸고 자신감도 있었다. 처음엔 종업원까지 두고 시작했다. 그러나 생각만큼 사업이 잘 되지 않았다. 그래서 종업원을 줄이고 가족도 나와서 돕기도 했지만 끝내 잘되지 않았다.

위에 얘기한 내용은 B의 얘기지만 많은 사람이 이런 경우에 해당된다. 퇴직 → 사업 → 실패 이것은 정해진 과정이다. 장사, 특히 음식장사로 성공하기는 쉽지 않다. 성공하는 사람은 오랜 세월 경험이 있는 소수의 사람들 뿐이다. 자본의 여유도 충분해야 했다. B는 장사가 회사일보다 훨씬 어렵다는 것을 깨달았지만 이미 엎질러진 물이었다. 마침내 자본이 바닥나고 물러날 수밖에 없었다. 퇴직금을 몽땅 날린 것이다. 이렇게 되고 보니 생활은 더욱 궁핍하게 되었다. 그리고 돈 쓸 일은 점점 많아지는 것이 아닌가! 서민들의 인생살이가 대체로 이렇다. B의 삶은 더욱 힘들어 질 것이다.

B는 무엇이 문제였을까? 당연히 사업에 뛰어들었던 것이 문제였다. B는 그 사업을 성공시킬 자질이 없었던 것이다. 그리고 더 큰 문제는 사업을 시작한 시점이었다. 여기서 잠시 이 문제를 고찰해

보자. B는 퇴직 후 6개월 만에 사업을 시작했다. 이는 좀 빠른 셈이다. 적어도 그 해를 넘겨서 했어야 옳았다. B의 생각에는 사업을 하려면 오래 쉬면 안 된다는 것이다. 퇴직금이 없어지기 전에 빨리 사업에 뛰어 들어야 된다는 생각도 있었다. 그러나 여기에는 두 가지 문제점이 있다. 한 해에 퇴직, 그리고 새로운 사업! 이것은 쉼표가 없다. 상황이 계속 이어지는 것이다. B는 매사가 잘 풀리고 있으니 무슨 일이든 빨리 시작해야 한다고 생각한다.

이 문제는 아주 심각한 내용이다. 주역의 가르침을 불러오자. 주역에 지뢰복(☷☳ : 地雷復)이라는 괘상이 있는데 이것은 동짓날을 상징하는 괘상이다. 양기가 새롭게 들어섰다는 뜻이다. 동짓날부터는 다시 해가 길어지기 시작하는 바 희망이 도래하고 있다는 의미로 쓰인다. 이날에 대해 어떤 자세를 취해야 하는지 옛 성인의 가르침이 있다. 옛날 성왕은 동짓날에 이르러서는 성문을 굳게 닫고 외출을 삼가고 상인이나 여행객도 엄히 단속했다. 돌아다니지 말라는 것이다. 왜냐? 이제부터 양의 기운이 들어오므로 그것이 성장할 때까지 기다리라는 뜻이다.

인체에 있어서도 병이 물러갈만한 힘이 보이면 더욱 근신해야 하는 법이다. B의 경우 원만히 회사생활을 마쳤으니 새로운 기운이 쌓이는 중이었다. 이럴 때 밀어붙이자는 것이 B의 생각이지만 옛 성인은 조금 늦추라는 것이다. 잘될 때라고 서두르면 안 된다. 오히려 한발 늦추어야 한다. 옛 속담에도 있다. 급할수록 천천히 가라고…… B의 경우 일단 해를 넘기고 좀 더 쉬면서 미래의 일을 천천히 더욱 신중하게 진행해야 했다. 운명은 서두르는 게 아니다.

# 운명과 우연은
# 다르다.

**인물가난이라는 말이 있다.** 못생긴 사람은 남이 가까이 하려고 하지 않으니 외로울 수 있고 심한 경우 불이익까지 당하니 분명 서러울 수 있다. 이외에도 글가난이 서럽다. 이는 무식한 것의 불편을 얘기한 것이다. 그리고 한 가지 더 있다. 친구가난이 서럽다. 이는 외톨이가 되면 힘들 때 협력을 구할 사람조차 없으니 슬프고 위태 롭기까지 하다. 여기에 또 돈가난이 있는데 우리는 돈이 없으면 서 럽다고 말한다. 그러나 부자는 아니더라도 그저 살아갈 수 있으면 정작 서러운 것은 앞서 얘기한 세 가지일 것이다.

하지만 세상에 슬픈 일이 어찌 이것뿐이랴! 몸이 아픈 것도, 사랑 하는 사람과 헤어지는 것도 서럽다. 하지만 이 세상에는 그 어떠한 것보다도 서러운 것이 있다. 그것은 무엇일까? 바로 다름 아닌 운명이다. 운명이 가난하면 즉 운명이 나쁘면 인생은 무작정 슬픈 것이다. 모든 것을 잃었다 하더라도 운명이 좋으면 그것을 회복할 수도 있는 법이다. 그러나 무수히 많은 것을 갖추었다 하더라도 운명이 나쁘다면 모든 것은 물거품처럼 사라질 것이다. 운명이 나쁜 사람은 죽음마저도 남보다 더욱 괴롭고 슬플 수밖에 없다.

그래서 말했던가! 공자는 군자가 두려워하는 것이 세 가지 있는 바, 그중에서도 가장 두려운 것이 운명이라고…… 나쁜 운명은 슬프고 무서운 것이다. 공자같은 성인조차도 감당할 수 없는 무서운 운명이 있다는 뜻이다. 우리는 항상 운명이 좋다고 믿고 또한 기대하며 살아가는 나약한 존재다. 어떤 사람은 아예 이런 생각을 하지도 않고 그때 그때 열심히 살아가기도 한다. 그래서 나쁠 것은 없다. 하지만 갑자기 운명이 나빠진다면 어떻게 할 것인가. 가능하다면 나쁜 운명에 대해서 대비하면서 살기를 원한다. 그리고 더 나아가 좋은 운명을 창조하고 싶기도 하다. 하지만 이 또한 운명이라면 어떤 생각으로 살아가야 하는가?

이에 대해 대답하기 전에 운명의 종류에 대해 잠깐 얘기하자. 좋은 운명에 대해서는 그냥 그대로 두면 되는 것이니 크게 신경 쓸 것은 없다. 급한 것은 나쁜 운명이다. 실제 사람들은 나쁜 운명에 빠져있는 경우가 흔하기 때문에 이에 대해 먼저 생각해봐야 한다. 세상에 운명이 아주 좋은 사람은 그리 많지 않은 법이다. 그렇기 때문에 우리는 보통사람에 대해 연구하고 대책을 세워두어야 한다. 나쁜 운명에는 어떤 종류가 있을까? 우선 알아두어야 할 것은 세상에는 사람의 힘으로 어찌할 수 없는 아주 나쁜 운명도 있다는 것이다.

예를 들어 천재지변이 휩쓸고 갈 때 사람은 자신의 운명하고는 상관없이 공통적 재앙을 맞이하게 된다. 고대도시 폼페이는 한때 부를 누리던 도시였는데 하루아침에 화산폭발로 전 도시가 재 가루가 되었다. 중세 때 유럽을 휩쓸고 간 페스트, 아프리카의 에볼라, 최근에는 코로나같은 질병이 수많은 목숨을 앗아갔다. 정부나 개인은 아무런 힘도 쓸 수 없었다. 이러한 재앙들은 실은 어떤 개인적 사람의 운명에 속하지 않는다. 이는 세계의 운명 또는 신의 운명으로 인간의 운명범주에 속하지 않는다.

언젠가 기자들이 거리의 사람들을 보면서 죽음을 볼 수 있냐고 내게 물은 적이 있다. 나는 실제 밖에 나가본 뒤, 그런 사람들이 보이지 않는다고 했다. 그러자 기자들은 웃으며 이렇게 말했다. 그렇다면 우리나라는 현재 전쟁이 나지 않겠군…… 웃자는 얘기 일수도 있으나 그러한 재앙이 온다면 이는 운명이 아닌 것이다. 앞으로 운명을 논할 때 이러한 내용은 제외하고 얘기하자. 운명이란 천지자연이 정상적으로 운행될 때 그 안에서 일어나는 개개인의 시간과 관련된 것이다.

공부를 못해서 대학에 떨어지는 것, 대한민국 축구가 월드컵 우승을 차지할 수 없었던 것 등은 실력이지 운명이 아니다. 그러나 축구를 잘했어도 탈락하고 공부를 잘했어도 시험에 떨어지고 아무런 잘못도 없는데 오해를 받아 친구와 헤어지게 되는 것 등은 운명이다. 모든 것이 운명이라고 말하는 것은 모순이다. 행성이 지구에 떨어지거나 태양이 폭발한다거나 빙하기가 도래하는 것 등은 우연일뿐이다. 우연과 운명은 사람이 알 수 없을 때 붙이는 명칭이기는 하지만 실제로 둘은 매우 다르다. 주사위를 던져서 나오는 숫자들은 우연이지 그것을 던진 나의 운명은 아닌 것이다.

이렇듯 운명과 운명 아닌 것을 잘 구분해야만 정작 운명의 실체를 파악할 수 있다. 물론 운명이란 것을 딱히 알기는 쉽지 않다. 그러나 반드시 운명이란 것이 있다는 것을 생각해두어야 하는 것이다. 기실 운명은 우연만큼이나 빈번하게 우리의 인생을 좌우하고 있다. 그러니 일단 운명을 조심하자는 것이다. 공자가 말한 군자는 천명을 두려워한다는 것이 바로 이러한 뜻이다. 공자도 모든 것을 운명이라고 말한 것은 아니다. 다만 인생에는 운명인 것도 있으니 거기에 대해 경계를 늦추지 않아야 한다고 가르쳤을 뿐이다. 그리고 조심하라는 뜻도 있다. 운명을 두려워한다는 말은 그것을 조심하라는 뜻에 다름 아니다.

그렇다면 운명을 어떻게 조심하란 말인가! 공자같은 성인은 미래를 내다보는 힘이 있으니 미리 조심할 수도 있을 것이다. 하지만 우리들은 어떻게 운명을 조심할 수 있을까? 이 문제는 아주 중요하므로 잠깐 언급하고 넘어가자 운명을 어떻게 조심해야 할까? 이 문제는 어렵기도 하고 아주 쉬운 문제이기도 하다. 운명을 모르는 사람도 얼마든지 운명을 조심하는 방법이 있다. 이것을 말하기 전에 우리가 흔히 사용하는 조심이라는 말을 살펴보자. 예를 들어 밤길이 위험하니 조심하라는 말을 들었다고 하자. 이럴 때 어떻게 해야 하는가? 특별한 방법이 따로 없다. 가급적 어두운 곳을 피하고 사람 많은 곳으로 다녀야 한다. 빙판을 조심하라고 들었다면 어떻게 하는가? 미끄러지는 것을 감안하여 총총걸음으로 걷는다. 사람을 조심하라고 하면 그 사람을 보이는 그대로 믿지 않으면 된다.

운명을 조심하라고 하면? 이때는 너무 자신만만해 하지 말고 경건한 마음을 가져야 한다. 지나치게 태평하지 말라는 뜻이다. 조심하겠다는 마음을 가지면 영혼에서 신통력이 나와 어느덧 조심하게 되고 불의의 사태를 피해갈 수 있는 것이다. 여기서 조심이란 특별한 방법을 얘기하는 것이 아니다. 그저 조심하는 마음을 갖는다는 것 자체가 조심이 된다는 말이다.

# 버려야 할 시기

**사람이 액운의 늪에 빠져 허덕이는 경우를 흔히 볼 수 있다.** 나 자신도 이런 일을 많이 겪어 봤다. 그 당시에는 어디를 봐도 막막했다. 도무지 돌파구가 보이지 않았다. 이럴 때 반드시 알아야 할 중요한 것이 있다. 이는 운명의 원리를 얘기하고 있는 것이기 때문에 언제라도 다시 활용할 수 있다. 우선 주역의 괘상을 하나 떠올려보자. 주역을 모르는 사람도 쉽게 이해할 수 있는 내용이다.

주어진 괘상은 풍수환(☴☵:風水渙)이라 하는데 이는 그릇이 엎어져 그 안에 있던 물이 사방으로 흩어진다는 뜻이다. 안개가 걷히는 것도 마찬가지 의미가 있다. 여기서 생각하자. 현재 운명이 나쁘다면 이는 어떻게 묘사해야 할까? 이런 운명은 내게 딱 붙어있다고 표현해도 좋을 것이다. 흔히 쓰는 말에 재수 옴 붙었다는 말이 있다. 이것은 나쁜 운명이 마치 몸에 때처럼 붙어 있다는 뜻일 것이다. 좀처럼 떨어지지 않는…… 나쁜 운명에서 벗어난다는 것은 바로 이 옴딱지를 떼어내는 것과도 같은 것이다. 이는 매우 중요한 내용이다. 대개 사람들은 운명의 늪에 빠졌을 때 무엇인가 고치려고 애쓰게 된다. 그러나 한번 나빠진 운명은 무엇을 고친다고 쉽게 고쳐지는 것이 아니다. 운명은 고치는 것이 아니라 버려야 하는 것이다. 이것이 요점인데 주역의 괘상도 이것을 가르치고 있다.

버려야 한다. 쉽게 말해 지금 많은 것을 버려야한다는 뜻이다. 고쳐서 새로 쓰려고 하지 말고 버리고 탈출해야 한다. 여행도 그중 한 가지 방법이다. 여행이란 여러 가지 뜻이 있지만 그중에 하나는 씻어버린다는 뜻이 있다. 먼 곳에 나가 마음을 털어버리는 것인데 이때 액운도 털려 나가는 법이다. 여행이란 주역의 괘상으로 말하면 화산려(☶☲:火山旅)로 표현되는데 이는 집을 떠난다는 의미로 자기의 처지를 벗어난다는 뜻이다. 여행지에서 액운을 털어내고(☴☵:風水渙을 실천함으로써) 자신이 빠져 있던 곳에서 벗어나는 방법이다. 나도 액운에 빠졌을 때 잠깐씩 여행을 했고 멀리 오랫동안 여행을 했다. 이러는 사이 어느덧 액운은 사라졌다.

나쁜 운명에 처했을 때는 유지하려고 애쓰지 말고 무엇이든 포기해서 자신을 괴롭히는 요소를 줄여나가야 하는 것이다. 사람이 속을 썩이면 그를 과감히 잘라야 하는 것이고 집안에 불화가 많다면 해결하려고 하지 말고 잠시 집을 떠나있는 것도 좋은 방법이다. 하던 일도 많이 줄여야 한다. 행사도 줄이고 소비도 줄이고 무작정 한 가지라도 없애고 포기해야 한다. 자기의 이름을 바꾸는 것도 한 가지 방법이다. 가지고 있던 이름을 버리는 것이니까!…… 여행할 형편이 안 되면 산책이라도 많이 해야 한다. 다만 산책을 할 때는 가보지 않은 곳으로 많이 다니는 것이 좋다. 이는 풍수환(風水渙)을 실천한다는 뜻이 있다. 거리를 돌아다니거나 경치가 좋은 곳을 돌아다니다보면 운명은 자기도 모르는 사이에 조금씩 변화하는 법이다. 사람의 운명은 나쁜 곳에서 빠져나오지 못하는 경우가 허다한데 이는 포기를 모르는 사람에게 특히 많다. 포기를 잘하면 그 자체로 많은 운명을 개선할 수 있다.

교육과 관련한 예를 들어보자. 21세기에 들어서 과학자들은 공부의 뜻을 새롭게 밝혔다. 이는 뜻밖의 내용인데 공부라는 것은 몰랐던 것을 새롭게 알아가는 과정이 아니라 자신의 고정관념을 하나씩 제거해가는 과정이라는 것이다. 이것은 운명을 개선하는 일에도 절대적으로 적용된다. 정 할 일이 없으면 집안에 있는 살림살이를 갖다 버리는 것도 좋다. 나쁜 운명에 처했을 때는 포기하고 떠나고,

버리고, 헤어지면서 때를 기다려야 한다. 좋은 운명을 맞이하는 데는 시간이 걸리는 법이다. 나쁜 운명에서 벗어나는 것은 그리 어려운 일이 아니다. 사업이 막혀있거나 장사가 안 되거나 수입이 줄거나 몸에 병이 났을 때는 고치려 하지 말고 버리는 일에 충실해야 하는 것이다. 이렇게 하면 단 며칠 안에 운명이 개선될 수도 있다. 멀리 보지 말고 당장 버릴 것을 생각해야 한다.

# 자기탈출

**운명을 건강에 비유하겠다.** 따라서 나쁜 운명이란 병이 난 것이고 좋은 운명은 건강하게 잘 살고 있다는 뜻일 것이다. 운명이 건강하면 앞날이 순탄하게 풀리고 인생에 성취하는 것이 있을 테니 행복하게 될 것이 틀림없다. 이것이 우리가 바라는 소망이다. 그런데 대개 소망으로 그칠 뿐 행복한 인생을 사는 사람은 드물다. 우리는 운명의 건강을 생각해야 한다. 이것이 먼저 이루어진 후 더 큰 운명, 더 좋은 운명을 순차적으로 기대해야 한다.

그렇다면 지구에 사는 인간의 운명적인 병은 무엇일까? 그것은 잡념이다. 잡념이란 별로 용도가 없는 혼란스러운 생각들인데 이것은 어느 민족, 어느 사람이나 공통적으로 가지고 있다. 구체적으로 얘기하면 사람은 누구나 자기생각은 옳고 자기마음이 죄가 없다고 생각한다. 그리고 사람은 자기생각(잡념에 해당되는)을 끊임없이 얘기한다. 남에게 동조를 구하거나 자기가 실은 잘난 사람이라는 것을 강조하기 위한 것일 뿐이다. 그러나 그 사람의 무엇이 잘났다는 말인가! 사람은 자신의 실제 모습은 보지 못하고 긴긴 세월 자신이 잘났다는 것을 남에게 보이기 위해 애쓴다. 그리고 일이 원하는대로 풀리지 않으면 세상을 탓하기 바쁘다.

나는 주역을 공부하면서 무수히 많은 사람을 만나왔는데 운명이 지지리 나쁜 사람일수록 잘난 척을 많이 한다는 것을 알게 되었다. 반면 실제로 잘난 사람, 운명이 좋은 사람은 겸손하고 경건하고 조심하는 사람이었다. 원래 잘난 척은 못난 사람이 하는 것이고 오만한 믿음은 열등의식에서 나오는 것이다. 어쨌건 이 모든 것은 운명을 병들게 만든다. 주역의 괘상으로는 수산건(☵☶ : 水山蹇)이라고 하는데 이 괘상은 안개속에 갇혀 있다는 뜻이고 자기 속에 들어가 눈을 감고 있다는 뜻이다.

사람은 자신의 생각 때문에 운명의 한계를 벗어나지 못하는 법이다. 인간의 운명은 분명 한계가 있다. 좋은 운명을 가진 사람은 특별한 방법이 있다가 보다는 그저 단순히 자기 관념에서 벗어났을 뿐이다. 이것은 주역의 괘상으로 뇌택귀매(☳☱ : 雷澤歸妹)인 바, 도로 제자리라는 뜻이다. 좋은 운명을 맞이하기 위해서는 자기를 벗어날 수 있어야 한다. 그러기 위해서는 잡념부터 제거해야 한다. 잡념이 많으면 잡인이 되고 잡인이 되면 운명이 좋아지지 않는 법이다. 정녕 운명을 개선하려면 간단히 자기를 개선하면 된다. 우선 자신이 보통사람이거나 조금 못났다고 생각해야 하는 것이다.

운명은 매일매일 다가오는 바 실은 이것은 내 자신이 운명을 계속해서 끌어 오는 것이다. 나쁜 운명을 만들지 않아도 좋은 운명은 올 수도 있는 법이다. 천지신명은 가급적 인간이 행복하기를 바랄 뿐이다. 그런데 인간 스스로가 잘났다는 생각을 떨치지 못하고 점점 수렁에 빠지는 것이다. 지구인의 병은 참으로 깊다. 그래서 인류가 행복해질 날도 멀리멀리 있는 것이다. 나 자신만이라도 여기서 벗어나야 하지 않겠는가!

# 운명은
# 언제 오는가?

　　**가끔 운명에 관한 질문을 받는다.** 이론에 관한 것은 주역에 바탕을 두고 있으니 크게 반발하지는 않으나 실제로 어떻게 운명이 개선되는지 증명할 수 있냐고 묻는다. 이는 매우 중요한 질문이다. 이론만 그럴듯하고 효용이 없다면 이는 운명개선에 전혀 도움이 되지 않기 때문이다. 이러한 생각은 나도 오랫동안 해왔다. 내 자신이 너무나 나쁜 운명속에 있었기 때문이다. 그래서 나는 주역이론대로 살아보았다. 그 결과, 3년쯤 지나서 효과가 있었다는 것을 분명히 깨달았다. 오랫동안 불운했던 내가 달라지고 있었다. 그래서 남에게 적극 권하기도 했다. 많은 사람이 그대로 해봤고 효과는 입증되었다. 그 이후부터 책을 쓰기 시작했고, 이 책도 그 일환이다.

　　그런데 또 많은 사람들은 언제 좋은 운명이 오냐고 묻는다. 만약

30년 후에 좋아진다면 누가 그것을 믿고 실행하겠는가! 그러나 운명개선은 그렇게 오랜 시간이 걸리지 않는다. 물론 짧은 시간이 걸리지는 않는다. 이 점을 분명히 알고 실행해야 한다. 나는 10년이나 20년 후쯤 운명이 좋아지기를 바랬지만 다음해부터 순식간에 좋아졌다. 또 어떤 사람은 느끼지 못했을 뿐이지 전문적 판단으로는 이미 바뀌고 있었다.

이제부터 운명의 발생원리를 조금 얘기하자. 이는 역시 주역이론을 빌려와야 한다. 산뢰이(䷚ː山雷頤)라는 괘상인데 보이지 않게 조금씩 성장한다는 뜻이다. 마치 눈에 띄지는 않지만 조금씩 자라고 있는 어린아이와 같은 것이다. 운명도 이런 식으로 발생한다. 그런데 실은 운명뿐 아니라, 자연의 모든 현상이 이와 같은 수순을 거쳐 결실이 이루는 법이다. 보이지 않게 천천히!…… 운명의 경우 하루만 실행해도 실은 작동되는 것이다.

언젠가 나는 주문한 음식에 빠져있는 머리카락을 발견한 적이 있었다. 그래서 식당주인을 불러서 조용히 얘기했는데 주인은 머리카락을 넣은 적이 없다고 버럭 화를 냈다. 나는 항의하려다 그냥 나와 버렸다. 이런 곳에서 잡놈과 시비를 하면 재수가 없을 것 같아서였다. 식당을 나온 나는 일부러 혼자 웃는 표정을 짓고 그 일은 아예 잊어버렸다. 재수 좋으라고…… 언젠가 또 다른 일이 있었다. 이번에는 식당을 휘젓고 다니던 아이가 내가 앉은 탁자 위로 올라섰다. 그런데 더 버릇없는 사람이 나타났다. 바로 아이 아버지였다. 그는 대뜸 내게 아이에게 왜 이러세요! 정말 어처구니가 없었다. 나는 아이에게 아무말도 하지 않았다. 아이 아버지는 나를 노려보더니 가버렸다. 나는 그 순간 생각했다. 이렇게 덜된 놈하고 시비하면 나의 운이 나빠질 것이라고…… 그래서 웃어넘겼다.

더 얘기해 보겠다. 세 살 정도 되어보이는 여자아이가 극장에서 울고 있었다. 엄마를 잃어버렸다는 것이다. 아이는 전화번호가 적힌 이름표를 달고 있었다. 아이의 엄마가 이런 사태에 대비하여 연락처를 남겨둔 것 같았다. 내가 지체 없이 통화를 하니 아이 엄마가 극장2층에서 내려왔다. 엄마는 내게 고맙다는 말은 한마디도 안 하고 아이를 야단치기 바빴다. 낯선 사람과 얘기하지 말라고 했지?…… 그리고 나를 노려보더니 휙 떠나갔다. 저런 사람과 얘기해봤자 재수 옴 붙을 것 같아 그냥 넘어갔다. 또 나와 상담을 하고 싶다고 해서 만났던 사람은 밥값을 내는 척 하더니 화장실을 통해 달아났다. 나는 혼자 박수를 치며 웃었다. 화를 내면 좋은 운명이 깨진다는 것을 잘 알기 때문이었다.

운명은 이렇게 개선하는 것이다. 항상 평온을 유지하고 세상에서 당하는 나쁜 일도 감내해야 하는 것이다. 엉뚱한 일을 하게 될 때는 이 일을 해도 되는가? 하고 자신에게 물었다. 그저 조심한다는 뜻이다. 모든 일을 운명과 결부시켜야 하는 것이다. 남에게 친절했는가? 남을 만났을 때 경비는 내가 먼저 내려 하는가? 무시를 당해도 웃어 넘어가는가? 남을 공연히 미워하지는 않았는가? 비겁한 짓은 하지 않나? 외상값은 제때 갚았는가? 보내야 할 돈은 확실히 보냈는가?(나는 미리 보내는 편이다) 또 어쩌다 말을 많이 하게 되면 반드시 반성을 했다. 내가 너무 잘난 척을 했구나…… 남이 나에게 잘해주면 마음 깊이 고마워했는가? 매일 반성은 하는가? 운명을 두려워하며 착한 사람이 되려고 노력하고 있는가? 슬쩍 아무 곳에나 쓰레기를 버리지 않는가? 이는 척봐서도 나쁜 짓이지만 주역의 관점에서 보면 산풍고(䷑:山風蠱)라는 괘상으로 배신당할 운을 뜻한다.

# 무엇을
# 먼저 할 것인가?

**달밤에 체조한다는 말이 있다.** 이는 때에 맞지 않는 일을 일컫는 말이다. 사람의 행동은 시의적절해야 한다. 비가 오는데 밭에 물을 뿌리러 간다거나 아이가 울고 있는데 혼자 신문을 보고 있거나 불이 났는데 출동해야 할 소방대원이 밥을 먹고 있거나 남은 걱정하고 있는데 혼자 한가한 얘기를 하고 있거나 협력해야 할 순간 혼자 컴퓨터를 들여다보고 있거나 등은 모두 그 순간에 맞지 않는 행동들이다. 이런 일들은 세상을 외면한다는 뜻도 있지만 자기 자신을 위해서도 할 일을 찾지 못하고 있는 것이다.

행동이 그 시기나 그 순간에 맞지 않으면 일을 성취하지도 못하고 운명도 점점 나빠지게 마련이다. 수험생이 매일 PC방에 간다면 이는 대학입시에 떨어질 것이고 게임중독에도 빠질 것이다. 세상에는 엉뚱한 짓도 많고 시간을 잘 맞추지 못해 큰 피해가 발생하는 경우도 많다. 의사가 만약 이런 식이라면 사람을 죽일 수도 있을 것이다. 누가 저쪽에서 다급히 부르고 있는데 천천히 우아하게(?) 걷고 있다면 이는 아주 무례한 놈이다. 공자는 말했다. 먼저 할 일과 나중에 할 일을 안다면 이는 도에 가까운 것이라고…… 무슨 일이든 해야 할 때를 알아야 한다는 뜻이다. 사후 약방문이란 말도 있는데 시기에 맞추지 못한 것을 의미한다.

세상에는 이런 일이 무수히 많다. 어떤 사람들은 제멋대로 행동하면서 시간을 맞추지 못하는데 이는 기회의 상실이고 운 또한 좋게 풀릴 수가 없을 것이다. 시간을 맞추는 것은 순간일 때도 있고 기간일 때도 있다. 약속시간을 못 맞추는 것은 순간적이고 밭에 씨 뿌릴 계절을 놓치면 이는 기간적이다. 순간이나 기간이나 무엇이 더 중요한지는 상황에 따라 달라질 수 있다. 위기상황은 순간이 중요할 것이고 사업은 시기가 중요할 것이다. 이중에서 순간적인 것은 집중력이 요구되는 것이지만 시기적인 것은 깊은 통찰이 필요하다. 이것을 아는 것은 결코 쉽지는 않다. 예부터 많은 선각자들이 이 문제를 주시했다. 미래를 예언한다는 것도 바로 이런 것이다.

시기를 안다는 것은 사람의 행동에 절대 지침이 될 수밖에 없다.

강태공은 말했다. 때가 되었는데도 의심만 하고 있으면 도가 폐지된다고…… 여기서 도라고 하는 것은 모든 일을 뜻하는 바 폐지된다고 하는 것은 망가진다는 의미이다. 행동의 시기! 이것이 말하고자 하는 요점이다. 사업의 성패, 국가사회의 발전도 모두 시기에 적절했느냐에 달려있는 것이다. 개인의 운명은 그 선택의 내용이 중요하기도 하지만 그 시기 또한 중요하다. 그런데 시기를 안다는 것은 쉽지 않은 일이다. 다만 시기선택에는 다양하면서도 일정한 지침이 있다. 이 책의 주제가 그것이다. 그래서 모든 사항을 상정하는 것은 불가능하다. 다만 그 맥락과 개요는 우리가 충분히 이해할 수 있다.

# 인생에서의 시간,
# 그것은 단 한 번의 도박

**인간이란 무엇인가?** 이는 종교적이나 철학적인 문제가 아니다. 단순히 생물학적으로 따져보면 된다. 우선 사람은 시간을 사용하는 존재라고…… 물론 동물도 시간을 사용한다. 하지만 동물의 경우는 그저 지나가는 것뿐이다. 여기에 비해 사람은 시간을 사용하면서 무엇인가를 하면서 지내는 존재인 것이다. 사람에게는 수명이란 것이 있다. 각자에게 주어진 시간인데 이것을 다 사용하면 생을 마감하는 것이다. 사용가능한 시간, 주어진 시간, 수명, 어떻게 불러도 좋다. 그것은 인간이 소유하고 있는 것인데 부자라고 더 많은 것이 아니고 대통령이라고 더 많은 것이 아니다. 힘없고 가난한 사람도 평등하게 소유하고 있다. 문제는 이 주어진 시간을 어떻게 사용하느냐이다. 사람에 따라 다르고 나이에 따라 다를 것이다. 어쨌건 사람은 그 시간들을 어떻게 사용하느냐에 따라 삶의 의미가 주어진다. 위대한 사람은 위대하게 시간을 보낸 사람일 것이다. 어떻게 사는 것이 위대한 것은 여기서 따질 문제가 아니다. 살인을 하고 형무소에서 평생을 보내는 사람과 비교해보면 알 것이다.

여기서 다른 질문을 해보자. 사람은 왜 사는가? 답은 시간을 사용하기 위해 산다고 할 수 있을 것이다. 그리고 이왕이면 위대하고 자유롭게 살고 싶을 것이다. 인간의 삶은 간단하다. 시간을 사용하는 것뿐이다. 사람은 그 사람이 사용한 시간들에 의해 평가되고 행복도 그 안에 존재한다. 그럼 시간을 어떻게 보내야 할까? 이것은 다소 철학적인 질문일 수도 있으나 너무 어렵게 생각할 필요는 없다. 시간은 반드시 생산적으로 보내야 한다. 여기서 생산적이란 말은 행복한 삶을 보장하기 위한 행위로 보면 된다. 물론 여기에는 가족을 돌보는 것이 포함될 수 있고 나아가 나라를 위한 것도 포함될 수 있다. 이렇게 되면 삶의 목적이 시간을 보내기 위해서가 아니라 시간을 잘 보내기 위해서라 말해야 할 것이다. 시간을 잘 보낸다는 것이 무엇이냐 라는 것은 질문거리가 안 된다. 각자의 방식으로 잘 보내면 된다. 즐겁게 보내도 좋고 바쁘게 보내도 좋다. 각자가 정하는 것일 뿐이다. 단지 시간을 자신에게도 나쁘고 남에게도 나쁘게 보낸다면 이는 삶을 낭비하는 것이다.

어떤 사람들은 자살 등을 통해 시간을 완전히 버리기도 한다. 물론 그 또한 시간을 사용하는 방법이니 단순히 평가할 수는 없다. 문제는 나 자신이다. 나는 어떻게 시간을 보내왔고 앞으로 어떻게 보낼 것인가? 이것만 생각하면 된다. 이것은 선택이고, 능력이고 또한 운명이라고 할 수도 있다. 하지만 시간을 잘 보내려고 노력하는 그 자체가 시간을 잘 보내는 것이라고 할 수 있지 않을까?

# 망하고 싶으면 남들 하는 걸 따라하면 된다.

**봄에 씨를 뿌리는 것은 단순해 보이지만 이는 중요한 기회 포착이다.** 젊은 날에 공부를 하는 것도 같은 뜻이 있고 수입이 많을 때 저축을 늘이는 것도 마찬가지이다. 운명에 있어 어느 날 갑자기 행운이 찾아오는 것은 실은 훨씬 전에 기회를 놓치지 않기 때문인 것이다. 가을의 수확, 이는 봄의 기회포착에서 비롯되는 것이고 어떤 시험에 합격하는 것도 시기를 놓치지 않고 공부를 했기 때문에 가능한 것이다. 기회의 포착, 순간의 포착, 기로에서의 훌륭한 선택 등은 이미 행운의 시기를 잡고 있었기 때문에 가능한 것이다.

어릴적 내가 살던 동네에 유일하게 부자가 한 명 있었다. 어마어마한 부자는 아니고 단지 동네에서 제법 부자였던 것이다. 그 당시는 6.25전쟁이 막 끝난 시절이어서 온 나라가 가난했다. 국민들은 일자리를 찾지 못해 전전긍긍할 뿐이었다. 그런데 전씨는 가내사업을 시작했다. 서울 변두리에 공터를 얻어 고물상을 열었던 것이다.

전씨는 심사숙고해서 이 사업을 택했다. 당시에는 국가 전체가 생산이 저조했고 국민들도 새 물건을 살 여력이 없었다. 옷도 새 옷을 못 입고 신발도 실로 꿰매어 신었던 것이다. 이런 상황에서 고물상은 여러모로 활용가치가 있었다. 쓸모없는 물건을 처분하고 헌 물건을 골라 사는 등 고물상은 호황을 누렸던 것이다. 물론 대단한 수익이 있었던 것은 아니었지만 험난한 시절에는 고물상이 그럴듯한 사업이 되었다. 자본이 드는 것도 아니고 헌 물건을 싸게 사서 싸게 팔면 그만이었다. 요즘 재활용품시장에 해당될 것이다. 그러나 지금 시대의 재활용품은 그 당시로 따지면 새것이고 값비싼 상품이 된다. 요즘은 고물상이 호황을 누리기란 어려울 것이다. 하지만 전쟁이 막 끝난 상황에서는 고물상은 충분히 해 볼만한 사업이었다.

재미있는 일은 고물상에 물건을 납품(?)하는 사람이 있었다는 것이다. 폐품을 수집하는 사람이다. 이들은 골목골목 다니면서 물건을 찾아온다. 고물상은 앉아서 그 물건을 팔면 되는 것이다. 전씨는 이렇게 해서 당시로는 돈을 많이 벌게 되었다. 그리고 사회가 점점 안정되어가자 모아놓은 돈으로 또 다른 사업을 시작했고 하는 일마다 성공했다. 그는 세상의 변화를 감지하고 될 만한 일을 골랐던 것이다. 부자가 될 수밖에 없었다. 전씨는 바로 기회를 잘 포착한 사람이다.

사업의 성공은 어느 정도 시류의 흐름을 알아야 성공한다. 너무나 뻔하고 흔한 일을 하면서 기회를 잡겠다고 하는 것은 우스운 일이다. 남이 한다고 그를 뒤따라간다는 것은 창조적이지 못하다. 기회를 포착한다는 말은 창조적 사업을 한다는 것과 다름이 아니다. 오늘날 세계적으로 성공한 삼성그룹은 전쟁 이후 어려운 상황에서 설탕을 수입해서 성공했다. 당시에는 설탕이 아주 귀했던 시절이었다. LG의 전신인 금성은 라디오를 만들어 거대한 사업을 일으켰다. 당시에는 라디오기 필요했고 귀했다. TV는 그 뒤 한참 세월이 지난 후 등장했다. 여기서 중요한 것은 시대에 맞게 사업을 선택한 것이다. 요즘 사람들이 많이 하는 주식도 마찬가지다. 남들이 다 사는 종목을 건드려봐야 재미를 보기는커녕 손해를 볼 확률이 높다. 이는 주식에 대해 무지한 자라도 생각해 보면 알 수 있는 것이다. 남들 하는 대로 따라 간다? 돈을 번다는 것이 그렇게 간단하면 누가 부자가 되지 못하겠는가?

기회를 포착하기 위해서는 현재와 미래를 읽는 노력이 필요하다. 나무 밑에서 과일이 떨어지기만 기다리는 사람은 기회를 포착하기 어려운 법이다.

# 손해보고 싶으면
# 서둘러라.

**앞서 맹자를 찾아 왔던 제후의 모습을 보자.** 그는 천하에 나쁜 자를 응징하고자 했지만 실패했다. 그것은 시기를 살피지 못하고 목표에 너무 몰두했던 것이다. 이를 두고 마음이 앞섰다고 말한다. 이는 실수가 발생할 징조인 것이다. 손자병법에 이런 말이 있다. '지지 않을 땅에 서서 적이 패하기를 기다린다' 여기서 지지 않을 땅이란 나 자신을 단속하는 것이다. 충분히 강한가? 적과 싸울 때 목표보다 더욱 중요한 것은 내가 싸워서 이길 수 있는가이다. 이는 힘을 말한다. 적이 패할 때란 무엇인가? 적이 약해졌을 때 또는 실수를 저지를 때이다. 이런 것 등이 갖춰져야 비로소 전진하여 이길 수 있는 법이다.

전쟁이란 때로는 기다리는 인내가 필요하다. 맹목적인 투지란 오류에 불과하다. 앞서 언급한 A를 보자. 그는 자신의 사업이 위태로운데도 아들의 결혼만 서둘렀다. 먼저 혼사를 치를 만큼 사업이 평탄한가를 봐야했던 것이다. 좋은 며느리를 맞이하겠다는 마음 때문에 발아래 불똥이 떨어진 것을 못 본 것이다. 이 또한 마음이 앞선 것으로 징조부터가 불길했다. 큰일에 앞서 반드시 냉철하게 판단한 것인지를 스스로에게 물어야 한다. 일은 무작정 서두르면 안 되는 법이다.

옛날 성왕은 동짓날에 자숙했다. 이는 멀리 하늘에서 따뜻한 기운이 오고 있는데도 불구하고 조금 늦추라는 것이다. A의 경우 며느리는 따뜻한 기운에 해당될 수도 있다. 그러나 이럴 때야말로 한 발 물러서는 것이 필요했다. 사업이 기로에 섰는데 그것은 보지 않고 좋은 일만 기대하다니! 불운한 시기에 나타나는 행사는 잘될 리가 없다. B의 경우를 보자. 그는 성실한 사람이었지만 성격이 날카로웠다. 퇴직 후 사업을 시작함에 있어서도 그는 조목조목 필요사항을 면밀히 점검했다. 다만 그는 자신이 너무 서두르는 것을 느끼지 못하고 있었다. 무슨 일이든 서두를 때는 난관에 봉착할 수 있는 법이다.

바둑의 고수 이창호는 좋은 수를 발견하고도 두지 않았다고 한다. 마찬가지로 중국의 바둑기사 임해봉은 돌다리를 두들겨보기는 하지만 건너지 않을 수도 있다는 생각을 가지고 있었다. 마음이 급한 것을 경계한 것이다. 기회란 재빨리 취하지 않아도 된다. 은근히 자연스러워야 하는 법이다. 시기를 살피는 데는 여러 가지 방법이 있겠지만 가장 먼저 갖추어야 할 것은 속도조절이다. 대체로 빠른 것은 흉하다고 보면 틀림없다. 그렇다고 매사에 미적지근하라는 것은 절대 아니다. 속전속결이 필요한 경우는 얼마든지 있을 수 있다. 그것은 대개 단편적일 경우가 많다. 전쟁이나 사업, 결혼 등은 안 되면 말고 식이어서는 안 된다. 길게 앞날로 이어지는 것이므로 늦추라는 것뿐이다.

아주 구체적으로 얘기하자. 무슨 일이든 깊게 두 번은 생각해야 한다. 별일 아닌 것을 세 번씩이나 생각하는 것은 우유부단한 태도이므로 이 또한 불운을 초래할 수 있다. 하지만 우리는 천천히 가는 법부터 먼저 배워야 한다.

# 지금
# 몇살이십니까?

**10대 청소년이라고 해보자.** 이때는 무엇을 하며 시간을 보내야 하는가! 가장 중요한 것은 공부일 것이다. 물론 다른 요소도 있지만 이 시절 공부를 안 하면 기회를 잃는 것이고 사회에서 일단 뒤쳐지게 된다. 20대는 어떨까? 대학을 졸업하고 군대를 갔다 오고 취직을 하게 된다. 보통사람이 하는 일이다. 일단 남과 비슷한 일을 하면 된다. 오늘날 사회는 아주 잘 짜여 있어서 그 체제에 순응하면 발전을 기대할 수 있다. 이제 30대가 되었다고 하자. 사회생활이 이미 시작되고 있는 것이다. 이때부터는 할 일이 많아진다. 주어진 일을 얘기하는 것이 아니다. 자기만의 세계가 형성되어야 한다는 것이다. 견문을 넓히고 자기를 굳건히 세워야 한다. 이런 시기에 사업을 시작하는 것은 그리 좋은 일은 아니다. 공자는 30세에 이르면 뜻을 세워야 한다고 말했다. 인생의 목표를 세우고 자신에 부족한 것을 채워야 한다는 뜻이다.

40대에 이르면 많은 것을 알아야 한다. 이때는 소위 말해서 철이 드는 때이다. 사업을 일으켜도 좋지만 급할 것은 없다. 이때는 인생에 있어 가장 중요한 시기이다. 허송세월을 보내면 안 된다. 공자는 40세에 이르면 미혹함이 없다고 말한 바 이는 40대에는 어리석어서는 안 된다는 뜻이다. 우리 인체에 있어서는 정신력이 가장 왕성해질 때이다. 공자는 또 말했다. 마흔에 이르러서도 일컬어지지 않으면 틀린 것이라고…… 마흔에는 적어도 희망이 보여야 한다. 이런 시기를 잘못 보내면 인생 전체가 힘을 잃을 수가 있다. 40대에 사업을 시작하는 것은 좋다. 단지 오래 지속할 수 있는 사업을 택해야 할 것이다. 이후에는 건강도 약해지고 조금씩 늙어가는 것이다. 시기를 놓쳐서는 안 된다.

50대에 이르면 사회가 돌아가는 이치를 파악하고 어느 정도는 자리를 잡아야 한다. 50세가 되었는데도 아직 튼튼히 자리 잡지 못했다면 많은 난관이 도래할 것이다. 운명이란 나이가 들어가면서 쇠퇴하는 법이다. 영혼이 기회를 놓쳐 힘을 잃어가기 때문이다. 공자는 50세에 이르러 천명을 안다고 말한 바 이는 시류를 느끼고 순응해야 한다는 뜻이다. 될 일을 해야 한다는 의미이다. 이때쯤은 사회의 여러 요소를 훤히 내다볼 정도가 되야 한다. 사업을 한다면 적극적으로 나아가야 할 때이다. 현재 직장을 다니고 있다고 해도 만약의 사태에 대비하면서 살아야 한다. 사람은 시절에 따라 걸맞는 행동을 해야 하는 것이다. 50대를 넘기면 몸이 급격히 늙어가는 바 나쁜 운명에서 회복되는데도 점점 힘들어진다. 이때야말로 유비무환(有備無患)이라는 격언을 절실히 새겨두어야 한다. 수많은 사람이 50대를 잘못 보내서 실패를 하고 있다.

60대에 이르게 되면 세상 웬만한 일은 거의 달관하고 무슨 일이든 듣는 순간 이해를 하게 된다. 그동안의 경험이 쌓였기 때문이고 이것저것 많이 알고 있어서 만사가 수월해진다. 그러나 이때는 노화가 본격적으로 진행되기 때문에 건강에 각별히 유의해야 되고 새로운 것을 시작한다면 더욱 신중해야 한다. 기회의 포착이 어렵고 사업의 적중률도 떨어지기 때문이다. 다만 긴 세월 진행해 왔던 사업은 오히려 잘 풀리는 경향이 있다. 이는 영혼이 오랜 세월 동안 길들여져 있기 때문이다. 큰 실수는 없는 시절이지만 해보지 않던 일은 아주 조심해야한다. 영혼이 익숙하지 않은 일을 하려면 조절할 시간이 필요하다. 이 시절에 더욱 발전하려면 고집을 버리고 겸손해야 한다. 벼이삭도 익을수록 고개를 숙인다는 속담이 바로 이것이다. 60세가 되면 삶의 의무는 거의 마친 셈이다. 60이라는 숫자는 60갑자(六十甲子)가 한 바퀴 돌았다는 뜻이지만 현재 와서는 두 바퀴쯤 돌아야 인생을 충분히 살았다고 할 수 있을 것이다. 중요한 것은 정신건강이다. 현대의학은 계속 발전하는 중이므로 머지않아 평균수명 120세에 이르게 될 것이다. 현대의 60대는 이런 것을 감안하여 새로움을 갖춰 나아가야 할 시기이다.

이제 70세에 이르렀다. 이 시기에는 마음대로 살면 된다. 공자시절에는 70세에 이르면 자기 자신에 대해 노부(老夫)라는 호칭을 쓸 수 있었다. 완전히 어른이 되었다는 뜻이다. 이때쯤 되면 자신의 죽음도 생각해야 되고 후손에 대한 배려도 깊어져야 한다. 사업에 있어서는 큰 욕심을 내지 말아야 하고 무슨 일이든 실수를 줄이는데 노력해야 한다. 그리고 무엇보다 독선은 금물이다. 공자는 이 나이에 원하는 대로 행동해도 세상법도에 다 맞았다고 피력한 바 있다. 이제껏 인생의 시간지도를 고려해 보았다. 이것을 잘 감안하면 운명개척에 도움이 될 것이다. 물론 예외는 있을 수 있다. 다만 인체와 영혼이 자연의 큰 흐름에 지배 받는다는 사실을 잊어서는 안 될 것이다.

# 영원한 것은
# 없다.

**사람은 시간을 사용하는 존재다.** 시간은 무한히 존재한다. 그러나 사람이 그 시간을 영원히 사용하는 것은 아니다. 그래서 무작정 미래를 보며 달려갈 수는 없다. 자기 자신에게 주어진 시간은 점점 줄어들기 때문이다. 한 달 월급을 받고 나면 수명 한 달이 줄어든 셈이다. 마찬가지로 일 년 사업을 해서 수익이 있으면 그만큼 수명이 줄어드는 것이다. 그러므로 돈을 벌고 있다고 무작정 좋아할 수만은 없는 일이다. 돈을 벌 수 있는 시간이 줄어든다는 반증이기 때문이다. 그래서 돈은 기회가 왔을 때 많이 벌어야 한다.

이쯤에서 인생을 다시 정의해보자. 답은 이렇다. 인생이란 기회를 찾아가는 여정이다. 이 여정은 수명이 다함으로 끝나지만 기회를 잘 잡으면 남보다 백배, 천배, 효율이 높아진다. 기회를 잡아라.

이것은 인생의 절대 목표이다. 돈이든, 명예이든 권력이든 또는 사랑이든 기회를 잡아야 하는 것이다. 그렇다면 기회는 어떻게 잡아야 하는가? 이제야 실체적인 문제에 도달했다. 이 책의 주제이지만 먼저 말하자면 기회를 잡는 방법은 아주 많다. 그래서 그중에 하나를 잡아도 좋고 많이 잡아도 좋다.

D의 경우를 보자. 그는 6.25전쟁이 막 끝나고 아주 살기 힘든 시절에 행상을 했다. 그 당시에는 많은 사람이 그렇게 살았다. 그는 세상을 널리 살펴보고 행상하는 물건은 비누로 정했다. 버젓이 가게를 운영하는 것이 아니라 비누를 짊어지고 집집마다 찾아가는 것이었다. 이것은 아주 잘 팔렸다. 비누가 귀한 시절이었기 때문이었다. 당시에 사용하는 비누는 소위 빨래비누라는 것이었는데 세숫비누는 아직 세상에 본격적으로 나오지 않았다. 소수의 물량은 있었지만 비싸고 돈이 있어도 구하기 어려웠다. D는 처음에 빨래비누를 취급했는데 이것은 가난한 사람이든 부자이든 모두에게 반드시 필요한 물건이었다. 그리고 세월이 조금 지나면서 세숫비누도 취급했다. 물건은 계속 잘 팔려나갔고 물량은 항상 부족했다. 사람이 짊어지고 다니는데 한계가 있었기 때문이었다. 그래서 D는 나중에 조그마한 가게를 차렸다. 이것은 두말할 것도 없이 크게 성공했다. 그는 10년도 채 되지 않아서 제법 많이 돈을 벌었다. 이때쯤 빨래비누

와 세숫비누는 점점 고급화되는 중이었고 수요는 더욱 증가했다. D
는 결국 부자가 되는데 성공한 것이다.

세월은 더 흘렀다. 비누는 이제 어디에서나 쉽게 구할 수 있는 물
건이 되었고 D의 사업은 침체기를 맞았다. 그러나 이때 D는 사업
의 종류를 바꾸기 시작했다. 비누사업을 하는 동안 틈틈이 살피고
연구해 둔 것이 있었다. 그는 이마저도 성공했다. 그는 항상 새로움
을 찾는 사람이었던 것이다. 잘되면 계속하고 뭔가 안 되는 듯 싶으
면 새로운 길을 모색했다. 옛 성인의 말에 날이면 날마다 새로워지
라고 하였던 바 D는 이에 충실히 따랐다.

E의 경우도 살펴보자. 그는 고무줄을 팔았다. 역시 행상이었는
데 그 당시는 생활상에 고무줄이 많이 필요했다. 물론 지금 고무줄
은 우리 주변에 사라진지 오래다. E는 시대에 맞춰서 물건을 팔았
기 때문에 조금이나마 성공했다. 하지만 E는 변신을 할 줄 모르는
사람이었다. 고무줄 수요는 급격히 줄고 있었는데 그는 계속 그 사
업(?)을 놓지 못했다. 50년이 지나도록 계속 했던 것이다. 그는 고
무줄을 짊어지고 곳곳을 찾아다녔다. 하지만 이미 수요는 사라지고
없었던 것이다. E는 나중에 일주일을 팔아도 하루 생활비조차 벌지
못했다. 그의 인생철학은 단순했다. 있으면 있는 대로 없으면 없는

대로였다. 사업이 안 되는 것은 운명일 뿐 자신이 어떻게 할 방법이 없다는 것이었다.

E는 결국 인생의 모든 기회를 놓치고 말았다. 기회란 새로움에서 비롯되는 법이다. 그는 분수에 맞게 살았다고 강변하지만 이는 기회를 외면한 것이나 마찬가지이다. E와 D는 아주 대조적인 사람이다. D는 변화에 대응했고 E는 그대로 살았다. 이로써 두 사람의 인생은 크게 갈린 것이다. 기회의 포착은 조금이라도 새로워지는데서 가능한 법이다. 우리 자신은 새로워지려고 노력하고 있는가!

# 모험에는
# 대가가 따른다.

  **콜럼버스는 아메리카 신대륙을 발견한 인물이다.** 그의 발견으로
세상이 어떻게 되어 있는지 비로소 밝혀진 것이다. 그는 어려서부
터 바닷가에 나가 수평선을 바라보았다. 수평선은 한없이 뻗어나가
지 않고 일정한 테두리를 형성하고 있었다. 이는 지구가 둥글기 때
문인데 콜럼버스는 이를 알고 있었다. 만약 지구가 둥글지 않고 평
평하다면 둥글게 수평이 보이지 않고 그 너머 멀리까지 계속 이어
졌을 것이다. 콜럼버스는 망원경을 통해 바다를 바라봤을 때 이것
을 금방 깨달았다. 그는 속으로 생각했다. 바다는 끝없이 펼쳐지는
것이 아니라고…… 그래서 그 바다를 탐험하고 싶었다. 지구가 둥
글다면 세상은 크기가 있을 터인즉 그것이 어떻게 되어있는지 보고
싶었던 것이다.

콜럼버스가 나이가 들고 마땅한 신분이 되자 바다를 탐험할 기회가 생겼다. 콜럼버스는 정부의 지원을 받고 선원을 모집하여 드디어 바다를 향해 떠났다. 당시에 사람들은 서해 쪽 바다는 끝없이 펼쳐져 있을 것이라고 생각했다. 사실이 어떨지는 아직 증명되지 않았기 때문에 콜럼버스는 이를 확인하고 싶었다. 콜럼버스의 배는 항해를 계속 하던 중 바다가 점점 깊어지고 있다는 것을 감지했다. 선원들은 밧줄에 추를 달아 바다의 깊이를 재고 있었는데 바다 속은 끝없이 내려가 밧줄의 길이로는 닿지 않았다. 이에 선원들은 공포에 떨었다. 이 바다는 끝없이 깊고 한없이 넓을 것이라고……

선원들은 고향에 돌아가고 싶었다. 무한히 깊고 무한히 넓은 바다에서 결국 죽게 될 것 같았다. 그러나 콜럼버스는 호기심과 결의에 차 있었다. 이 항해에 끝은 있을 것이다! 콜럼버스는 선원들을 독려하면서 위험한 항해를 계속했다. 그리고는 마침내 바다 끝에 도달한 것이다. 콜럼버스는 배에 있던 새를 날려봤는데 그들이 돌아오지 않는 것을 보고 멀지 않은 곳에 어떤 섬이 있을 것이라 짐작했다. 그러나 콜럼버스가 최종 도달한 곳은 섬이 아니라 거대한 대륙이었던 것이다. 그 대륙은 유럽전체보다 넓었고 장차 세상의 중심이 될 터였다. 이제 콜럼버스의 탐험은 끝났지만 그 정신만은 영원할 것이다.

탐험은 새로운 기회를 만들어낸다. 우리의 인생도 이와 다를 바 없다. 모험을 두려워한다면 기회는 아주 적을 것이다. 때론 모험은 실패를 불러오지만 어느 정도까지는 달려 들어봐야 한다. 미래를 완전히 알 수는 없는 법이다. 그렇다고 아무 일도 못하고 안전만 추구한다면 내일이 오늘과 다르지 않을 것이다. 나무 밑에서 과일이 떨어지기를 기다린다면 언젠가 떨어질 수도 있을지 모른다. 그러나 인생의 시간에는 끝이 있다는 것을 잊어서는 안 된다. 인생에 모험이 완전히 배제된다면 큰 기회는 생길 수가 없는 것이다. 자그마한 이익과 세월을 바꾼다면 성공을 기대하기는 어려울 것이다. 공자가 용기를 덕목에 포함시킨 것은 깊은 뜻이 있었다. 인류의 발전이나 개인의 발전도 용기에 기인한바가 크다. 기회를 잡으려면 어려운 곳으로 나아가야 한다. 모험 없는 인생은 게으른 것이다.

# 영국 최고의
# 사냥꾼

**예부터 전해 내려오는 말이 있다.** 누구나 일생에 3번의 기회는 있다고…… 과연 그럴까? 하필 3번일까? 이는 막연한 얘기이다. 3이라는 숫자는 사람이 좋아하기 때문에 희망을 갖기 위해 하는 말일 뿐이다. 이 말 대신 일생에 기회는 많다고 하면 어떨까? 이 말은 맞는 말이다. 그 누구도 일생을 통 털어보면 언제나 기회는 있는 법이다. 기회란 실은 아주 많다. 생각하기에 따라서는 기회는 도처에 널려있다. 단지 그것을 포착하기가 어려울 뿐이다. 그래서 그저 그렇게 살 수밖에 없는 것이다.

기회는 어딘가에 숨어있는데 모르고 그냥 지나간다는 뜻이다. 그렇다면 기회를 어떻게 아는가? 이것은 아는 것이 아니다. 느끼는 것이다. 깨달음이라고 해도 좋을 것이다. 기회의 순간에는 머리로

66

판단하는 것이 아니라 전신으로 느껴야 한다. 막연한 얘기가 아닌 가! 그렇지 않다. 어떤 일을 몸으로 느끼는 사람은 많다. 유능한 사냥꾼은 눈으로 살펴서 동물을 찾는 것이 아니다. 눈보다 느낌이 먼저 오는 것이다. 맹수를 잡는 사냥꾼은 근방에 사자가 와 있다는 것을 몸으로 느낀다고 한다. 몸에 전율 같은 것이 감지된다는 것이다. 어떤 사람은 그것을 냄새로 느낀다고 말하기도 하지만 본인은 몸에 땀이 날 정도로 확실히 순간을 깨달았다고 말한다.

영국 최고의 사냥꾼이야기를 잠깐 살펴보자. 당시 사자가 출몰하여 여러 마을에 사람이 많이 죽었다. 사냥꾼은 군인들에 의해 몇 차례 목격된 바 있고 특징은 잘 알려졌다. 그 사자는 몸에 흉터가 있었다. 영국 정부는 이에 현상금을 걸고 사냥꾼을 찾아 냈고 부탁을 받은 사냥꾼은 몇 달간 산과 들판을 헤매면서 사자를 찾아다녔다. 그러던 중 어느 날 그는 사자가 근방에 있다는 것을 느꼈다. 사자는 숨어 있다가 사냥꾼을 습격한 것이다. 그러나 사냥꾼은 자기 몸으로 사자가 노리고 있다는 것을 느꼈다. 그리고는 재빨리 총을 장전했다. 한 순간 사자는 날아올랐다. 사냥꾼은 돌아서서 사자를 향해 일발을 발사했다. 일격에 사자는 쓰러졌다. 더 이상의 발사는 없었다. 사자는 정수리를 맞고 즉사한 것이었다. 만약 그 사냥꾼이 눈으로 살피고만 있었다면 사자의 기습에 당했을 것이다. 이처럼 기회란 살펴서 아는 것이 아니다. 깨닫는 것이다.

다른 예를 들어보자. F는 남대문시장에서 장사를 하는 사람인데 제법 돈이 있는 사람이었다. 그는 서울 변두리 농촌에서 살았는데 지금 그곳은 강남이라고 일컬어지는 부자의 땅이었다. 그러나 F가 그곳에 살고 있을 때는 논밭뿐이었고 서울 사람은 잘 다녀가지 않는 곳이었다. F는 농사가 취미여서 그곳을 정하고 살았던 것이다. 그러던 어느 날 F는 밭에 앉아서 쉬고 있었다. 그런데 그 순간 어떤 기분이 몸을 감싸는 것을 느꼈다. 그는 한참 동안 허공을 응시하다가 집으로 돌아왔다. 몸은 여전히 전율을 느끼는 중이었다. F는 지도책을 꺼내 그 지역을 천천히 살펴봤다. 그 결과 하나의 결론을 도출해냈다.

당시 서울은 전쟁이 끝난 직후라 지역이 점점 확산되고 있었다. 많은 사람이 모여들었던 것이다. F는 서울이 커져간다는 것을 즉각 감지했다. 또한 이순간 어떤 느낌이 몸을 휘감았다. 자신이 소유한 조그마한 땅 근방은 남쪽으로 나아가는 길목이었고 서울은 남쪽으로 확장되어야 한다는 것을 깨달았다. 밭에서 느낀 것, 깨달은 것은 바로 이것이었다. 그로부터 F는 근방 일대의 땅을 사들이기 시작했다. 밖에 나가서 돈을 버는 대로 몽땅 논밭을 사들인 것이다. F는 수십 년간 이렇게 했다. 드디어 거대한 결실이 찾아왔다. 땅값은 만 배로 치솟았고 그는 순식간에 큰 부자가 되었다. 그 후에도 느낌 하나만으로 많은 곳에 투자했고 모두 성공했다. 결국 엄청난 부를 이루게 된 것이다.

기회란 이런 식으로 출현하는 것이다. 물론 아주 드문 예라고 할 수도 있겠지만 사업이 크든 작든 성공의 느낌은 존재하는 것이다. 기회를 잡으려는 사람은 평소 수련을 많이 해야 한다. 이것은 상황과 몸이 서로 공명현상이 일어나게 하는 훈련이다. 그런 사람에게는 생각 이상의 기회가 찾아오는 법이다.

# 콧속에 있는
# 어떤 센서sensor

**전 장의 논의를 약간 더 깊게 이어가자.** 요점은 기분이다. 어떻게 기분이 기회를 포착하느냐이다. 먼저 감정이란 무엇인지를 따져보자. 과학자들은 감정에 대해 깊게 연구한 결과 하나의 중요한 사실을 파악했다. 너무 깊은 이론이어서 과정은 생략하고 결론부터 얘기하자. 우리는 감정이란 정신속에 일어나는 어떤 독립된 현상으로 생각하고 있을 것이다. 그러나 감정은 이런 것이 아니라 바로 육체의 감각이란 것이 밝혀졌다. 단지 육체의 느낌, 이것을 정신이 덧칠하는 것이라는 뜻이다.

예를 들어보자. 숲속에서 곰을 만났다고 해보자. 이때 우리는 공포를 느끼고 몸에 진땀을 흘린다. 하지만 공포 때문에 땀을 흘리는 것이 아니고 땀을 흘렸기 때문에 공포를 느낀다는 것이다. 몸이 먼저이고 마음은 그 다음이라는 뜻이다. 귀신을 만났을 때도 마찬가지이다. 사람은 귀신이라고 판단하면 오싹해진다. 귀신이라고 판단이 먼저인 것 같지만 실은 이때도 오싹했기 때문에 귀신이라고 판단하는 것뿐이다. 과학자 라이언 왓슨은 낌새라는 것을 연구했는데 이것은 보통 육감이라고 일컬어지는 것이다. 그런데 낌새는 콧속에 있는 어떤 센서sensor 들기라는 것이 밝혀졌다. 후에 다른 과학자들이 콧속을 조사해봤고 실제로 자그마한 실체를 발견했다. 이것은 콧속 표면에 붙어있는 장치인데 라이언 왓슨이 얘기하기 전에는 이것이 무엇에 쓰이는지를 몰랐다. 그러나 라이언 왓슨은 많은 사람들과 임상을 통해 이것의 기능을 밝혀냈다. 이는 우리의 정신활동 중 육감이라든가 텔레파시 등의 작용이 있을 때 콧속의 장치, 즉 낌새라는 것이 반응하는 것을 발견했다.

우리 몸은 어떤 상황에 봉착했을 때 마음보다 먼저 반응한다. 마음은 몸이 느낀 것에 정서라는 것을 덧붙여 사실을 강조하는 것뿐이다. 용기라는 것도 몸이 느낀 것을 마음이 밀어내는 작용이다. 당초 겁이 난 것은 마음이 아니고 몸이 위축되는 조건반사일 뿐이다. 인류는 길고 긴 진화의 과정에서 몸의 이런 기능을 발전시켰다. 마음이 판단하면 너무 늦기 때문에 몸이 먼저 반응하도록 진화된 것이다. 뱀을 만났다고 해보자. 이때 그 놈이 위험한지 그렇지 않은지 마음으로 판단하는 순간 뱀에게 물릴 것이다. 그래서 우리 몸이 먼저 전율을 느끼는 장치가 진화된 것이다. 마음은 몸의 반응을 보고 위험하다는 것을 자동적으로 판단한다. 무술의 고수도 일일이 적의 동작을 보는 것이 아니다. 먼저 몸이 적의 공격을 느낀다. 그리고 나서 방어력이 발동하는 것이다. 이것을 일컬어 청경(聽勁)이라고 하는데 적의 동작을 보는 것이 아니라 듣는다는 것을 의미한다. 듣는다고 표현하는 것은 귀가 원래 보지 않아도 파악하는 능력에 비유한 것이다.

몸이란 단순한 기계가 아니다. 마음보다 더 깊은 반응을 하는 초감각체인 것이다. 육감이라고 해도 좋다. 다만 이것이 몸의 기능이라는 것을 알면 된다. 기회의 포착도 바로 몸의 느낌에 의한 것이다. 다음 장에서는 몸의 이런 느낌을 강화하는 방법을 살펴보자.

# 도력이 높은
# 도인

**장자에 나오는 얘기이다.** 당시 깊은 산중에 도력이 높은 도인이 살고 있었다. 이 소식을 듣고 나라의 왕이 그 도인을 찾았다. 신통력을 실제로 보기 위했던 것이다. 왕은 도인을 만나 인사를 건넨 후 가지고 온 구슬을 폭포 밑으로 집어던졌다. 그리고 도인을 향해 물었다.

"당신은 저 구슬을 찾을 수 있습니까?"

도인은 잠깐 망설이더니 대답했다.

"글쎄요, 한번 찾아보기로 하지요."

이 말을 남긴 도인은 즉시 폭포속으로 뛰어들었다. 얼마 시간이 지나지 않아 도인은 다시 나타났다. 왕이 급히 물었다. 어떻게 되었습니까? 도인은 밝은 표정을 지으며 손을 내밀었다. 거기에는 영롱한 구슬 하나가 놓여 있었다. 왕은 구슬을 받고는 잠깐 그것을 바라보더니 놀란 표정을 지으며 큰소리로 말했다.

"바로 이 구슬입니다. 대단하군요. 믿기지 않을 정도입니다. 이 구슬을 도대체 어떻게 찾았습니까?"

도인이 아무렇지도 않게 대답했다.

"저 폭포 아래쪽에 가보니 거기에 있더군요!"

왕은 더욱 놀라며 다시 물었다.

"아니 그게…… 어떻게 거기 있다는 것을 알았습니까?"

구슬이 폭포 아래쪽에 있다는 것은 당연했다. 그 아래로 던졌으니…… 문제는 도인이 그 넓은 곳 어디에 구슬이 있는 줄 알고 곧장 찾아갔냐는 것이었다. 도인이 대답했다.

"그냥 가니까 있더군요."

"네? 거기 있는 줄 알고 갔습니까?"

왕은 어처구니없다는 듯이 되물었다. 그러자 도인은 태연히 대답했다.

"거기 있는 줄은 몰랐지요! 그냥 갔더니 있더군요!……??……"

왕은 또다시 물었다.

"거참 어떻게 그곳으로 가게 되었느냐고요? 답답합니다. 쉽게 말씀해주세요."

이 물음에 도인은 잠시 생각을 하는 듯 하더니 말을 이었다.

"왕께서 질문하는 뜻을 잘 알겠습니다. 제 몸이 어떻게 그곳으로 향하게 되었느냐고 묻는 것이지요? 조금 어려운 얘기가 되겠습니다만…… 저는 무심한 상태로 몸에 맡겨두었습니다. 그랬더니 제 몸이 스스로 그곳으로 가더군요. 그 다음에는 제 눈으로 거기에 구슬이 있다는 것을 알았습니다."

도인의 얘기는 여기까지였다. 왕은 크게 감동하고 도인을 궁궐로 초대했다.

위의 내용을 부연 설명해보자. 요점은 무심(無心)이었다. 이리저리 생각하지 않고 자연과 감응했던 것이다. 몸은 스스로 그곳으로 가게 되었다. 운명의 기회도 이와 같다. 무심한 마음으로 몸에 맡겨두면 감응이 일어나는 것을 느낀다는 것이다. 기회란 애써 생각하면 한낱, 자기 관념에 빠지기 쉬운 법이다. 자연에 맡겨두면 어느새 몸에 느낌이 온다. 애쓰지 않고 천천히 기다린다. 이것이 요점이다. 하지만 평소 자연스러움이 몸에 배야 한다. 이것은 마음이 몸을 방해하지 않는다는 뜻이기도 하다. 어느 날 갑자기 무엇인가 떠오르면 그것은 기회일 가능성이 많다.

# 평온한 마음의
# 중요성

**앞전에 논의는 조금은 이해될 수 있다.** 하지만 다소 막연한 느낌
이 든다. 여기서는 다른 예를 들어 접근해보자. 나이가 든 사람은
기후를 예측하는 경우가 흔하다. 몸이 찌뿌듯하다든가 컨디션이 조
금 나쁘다 싶으면 날씨가 흐리고 비가 오는 등이다. 나 자신만 해도
예전에 그렇지 않았는데 요즘에는 거의 기후를 예측한다. 밖에 나
가보지도 않았는데 몸이 좀 쑤시거나 찌뿌듯하면 어김없이 기후가
나빠지고 있는 것이다. 이는 많은 노인들이 경험하는 실례이다. 몸
이 기후를 느끼는 것이다.

어떤 사람들은 젊은 나이인데도 몸으로 기후를 예측하기도 한
다. 노인이 되면 빈도는 아주 심하다 몸이라는 것은 의사들도 모르
는 특별한 기능들이 있는 게 틀림없는 것 같다. 이런 기능은 인간

에게만 있는 것은 아니다. 동물의 경우에는 아주 빈번하고 놀라울 정도다. 거의 모든 개는 주인이 먼 지방에 출장 갔다 오고 있는 것을 미리 감지한다. 이는 과학자 라이언 왓슨의 연구에서도 나오는데 개는 주인이 돌아올 때 마중도 나간다. 이런 현상은 그 메카니즘(mechanism)이 아직 밝혀진 것은 아니지만 현상에 앞서 몸이 먼저 반응하는 것으로 알려져 있다.

개미가 홍수지역을 집단으로 떠난다거나 쥐떼들이 배를 떠난 후 그 배가 바다에 나가 침몰하는 경우는 종종 보고가 된다. 이렇듯, 사람 또는 동물의 몸은 미래를 감지하는 능력이 있는 듯 보인다. 이 현상은 감응이라고 할 수 있는데 대자연이 미래 일을 먼저 감지하고 이것을 생물의 몸에 전달하는 것이다. 사람의 경우에는 몸이 감지한 것을 마지막 단계에서 마음이 알아차리게 된다. 왠지 그런 일이 있을 것 같다 등으로 마음은 미래의 일에 감응하게 되는 것이다.

운명의 기회에 있어서도 이러한 작용은 일어날 수밖에 없다. 애써 생각하지 않아도 몸이 먼저 깨닫고 있는 것이다. 단지 이것을 마음이 알아차리느냐가 문제이다. 먼 곳을 보지 않아도 되고 전문적인 지식이 없어도 된다. 어떤 기회들은 이유 없이 알게 되는 경우가 흔하다. 뛰어난 도박사들은 다음 순간 이길 것을 미리 느낀다고 한다. 그래서 베팅을 최대한 올리는 것이다. 이런 일은 주식투자에서도 흔히 있는 일이다. 왠지 오를 것 같다는 느낌이 와 닿는 것이다. 이는 막연한 우연이 아니다. 기회의 순간 몸과 마음이 평소와 다른 것이다.

흔히 왠지 불길한 생각이 들 때가 있는데 이로써 미래의 재난을 피하는 경우도 많다. 위험한 일에 종사하는 사람은 왠지 잘될 것 같다 혹은 기운이 별로 안 좋을 때를 예의 주시하는 것이다. 특히 행운의 기분은 여러 날에 걸쳐서 느낄 수 있다. 요즈음 뭔가 잘될 것 같은 기운에 휩싸인다. 그리고 머지않아 좋은 일이 발생하기도 한다. 잘 따지고 보면 우리의 생활상에 이런 일들은 드물지 않게 발생한다. 이런 능력을 강화시키려면 평소 평온한 마음이 중요한 것이다. 자신이 혼란스러우면 몸이 미래를 감응하고 있는데 간과하기 쉽다. 도인들이 미래를 잘 감지하는 능력은 그 마음이 지극히 안정되어 있기 때문이다. 마음의 안정! 이는 재앙을 예방하고 미래의 행운을 잡는데 절대적으로 중요하다. 이를 일컬어 운을 만들어낸다고 말한다.

기회란 그것을 느끼는 것이지 반드시 이성적으로 생각해서 얻어지는 것이 아니라는 것을 다시 한 번 강조하고자 한다. 그리고 그

느낌을 수련할 수도 있고, 더 나아가 기회를 창조할 수도 있다. 기회의 포착, 그리고 기회의 창조는 우리의 목표이다. 이 문제는 앞으로 계속 논의할 것이다. 여기서는 평온한 마음을 가지고 기회를 예의주시하라는 것이다. 선입견을 가지고 급히 판단하는 것은 기회를 잡는 행위가 아니다. 오히려 재난으로 빨려 들어가는 행위일 뿐이다. 많은 사람이 기회를 못 잡고 혼란에 빠지는 것은 마음가짐에 달려있다. 그렇다면 평소 어떤 마음을 가지고 살아야 하는가? 구체적 지침이 있는가? 분명히 있다! 뒤에서 논의를 확장해보자.

# 연못은
## 하늘을 따라가지 않는다.

**기회를 포착한다는 것은 지혜로움과 완전히 다른 개념이다.** 이는 거창하게 말하면 천지의 변화에 감응하는 능력이다. 그리고 그것은 마음보다는 몸에서 느끼는 것이다. 그렇다면 마음은 전혀 할 일이 없다는 뜻인가? 그렇지 않다. 몸의 느낌을 마음도 느껴야 하는 것이다. 굳이 마음으로 판단을 지어대지 말라는 뜻일 뿐이다. 앞 장의 도인의 경우를 보자. 그는 천진한 마음으로 아무 생각없이 폭포수의 구슬을 찾아냈다. 그리고 F는 밭에 앉아서 쉬다가 강남땅의 미래를 느낀 것이다. 그가 무슨 생각을 미리 했던 것은 아니다. 단지 육감(몸의 감각)을 느끼고 나서 집으로 돌아와 지도책을 보면서 연구를 가미한 것뿐이다. 중요한 것은 자연스러운 마음이었다. 또는 마음이 몸의 느낌을 방해하지 않았다고 말할 수도 있다. 혹은 마음 자체에 신통력이 있어서 미래를 느낄 수도 있다. 흔히 몸에서 먼저 육감을 느낀다고 하는 것은 그런 일이 마음에서 느끼는 것보다 빈번하다는 것이다.

정신, 뇌라는 것도 실은 물질이다. 그리고 몸과 뇌를 떠나 영혼에서 느끼는 것도 있을 것이다. 사실 영혼에서 느끼는 것이 신통력이다. 성인급 도인들은 이런 능력이 있다고 봐야 한다. 그러나 미래를 느끼는 그 자체도 운명의 기회일 수가 있다. 몸이든 뇌든 영혼이든 무엇으로 느끼든 상관없다. 결과적으로 기회가 포착되었다는 것이다. 이 장에서는 이 문제를 다루어보자. 앞에서 다룬 내용들은 서론이라고 생각해도 좋다. 본 내용은 다소 어려운 것이므로 주역의 괘상을 빌려 해석해보기로 하자.

주역의 괘상에 천택리(≡:天澤履)라는 것이 있다. 이것은 단순히 하늘 아래 연못이 있다는 것인데 여기에는 함축된 심오한 뜻이 존재한다. 하늘 아래 연못! 무슨 뜻이 있을까? 주역의 괘상은 흔히 존재하는 사물 8개를 사용하여 비유적으로 만물의 뜻을 밝히는 학문이다. 이러한 방식은 인간이 사용하는 언어의 범위를 초월하는 절대적 표현이 되는 것이다. 먼저 연못을 보자. 이것은 땅에 붙어서 제자리를 지키고 있다. 하늘로 올라가지 않는 것이다. 제자리를 지키고 있다는 것은 평범한 내용같지만 실은 깊은 의미가 담겨 있다.

이는 경거망동하지 않는다는 뜻이다. 사람의 온갖 실패는 잘못 나서기 때문에 일어나는 법인데 하늘 아래 연못처럼 평온하게 위치를 지키라는 것이다. 앞서 등장한 도인의 마음이 바로 이와 같다. 범람하지 않고 마음을 가라 앉히면 영혼이 고요하고 맑아져서 온갖 신통력이 발현되는 법이다.

도인들이 산중에서 혼자 수련하는 것도 바로 이것이다. 이른바 명상 또는 좌선이다. 명상이란 영혼의 진동을 가라앉히는 훈련으로 이것이 완성되면 성인의 경지에 오르게 되는 것이다. 원래 영혼이란 양(陽)의 기운으로 항상 요동치는데 이것을 명상으로 편안히 가라앉히면 영혼은 압축되어 무한한 힘을 발휘한다. 도인들은 그저 하루종일 앉아있기만 하는 사람처럼 여겨지는데 실은 그 영혼을 고요하게 하는 것이다. 영혼이 고요하고 맑아야 세상의 모든 현상들이 이것에 비추기 때문이다. 마치 온 세상의 사물을 비추는 거울과 같이 되는 것이다. 이렇게 되면 미래의 일도 영혼의 거울에 비춰지게 된다. 하늘 아래 연못처럼 마음을 가라앉히는 수련은 표현이 아주 단순하다. 그러나 이것에는 무한히 함축된 의미가 있다.

이제 연못 위에 있는 하늘을 보자. 여기서 하늘이란 단순히 새가 날아다니는 그런 하늘만을 뜻하는 것이 아니다. 우주의 뿌리인 형

이상학적 존재를 뜻한다. 신이라고 해도 좋고 천지신명이라고 해도 된다. 그럼 하늘은 어떤 상태로 존재하는가? 연못에 그의 일부를 드리우고 있다. 산은 땅의 마음이 올라간 것이고 연못은 하늘의 마음이 내려온 것이다. 연못은 나 자신을 상징한다. 하늘은 내 자신에게 깃든 천지의 섭리이다. 연못은 하늘을 받고 있는 바 이는 세상의 모든 것이 내 마음에 비추어진다는 뜻이다. 고요하게 자기자리를 지키고 있는 것은 하늘의 섭리를 끌어당기는 행위와 같다. 이로써 미래의 기회도 잡을 수 있는 법이다. 이러한 수련은 크게 어려울 것도 없다. 마음을 고요하게 하는 것뿐이다. 계속해서 마음을 가라앉혀야 한다. 평생을 그렇게 해야하는 것인데 그로써 하늘의 기운을 내려 받을 수 있는 것이다. 평소 마음이 고요한 사람은 언제고 기회를 잡을 수 있다. 미래의 일은 이러한 사람의 몸과 뇌에 감응하고 영혼에 그림자를 비추게 된다.

어렵게 생각할 것 없다. 하늘 아래 연못처럼 고요히 자기 자리를 지키는 것뿐이다. 내용은 이렇듯 단순하다. 하지만 그 작용은 온 세상을 통해 가장 심오하다. 운명의 기회를 잡고자 한다면 이리저리 많은 것을 생각할 필요가 없다. 평온한 마음으로 때를 기다리면 머지않아 좋은 소식이 오게 되어 있는 법이다. 이런 사람은 항상 마음이 평화롭다. 평화를 유지할 수 있으면 때가 왔을 때 그것을 놓치지

않을 것이다. 연못은 하늘을 따라가지 않고 하늘이 연못에 내려온
다는 이치이다.

# 위험이 너무 크면
# 행운을 기대해서는 안 된다.

**전 장의 내용인 기회를 잡는다는 것은 오로지 육감 또는 몸의 느낌을 사용하라는 것처럼 보인다.** 그러나 실은 그것이 아니다. 기회를 잡는 순간 인위적인 것을 배제하라는 뜻일 뿐이다. 자연스러움을 강조한 것이다. 그렇다면 기회란 기다리는 것 외에 다른 무엇이 있다는 것인가? 이것은 아주 핵심적인 문제이다. 막연히 육감이 나타나기를 기다리기 전에 우리는 무엇을 해야할 것인가? 비유해서 설명하자. 강태공의 얘기를 해보자. 이 사람은 공자가 존경했던 성인의 스승이었다. 낚시를 좋아했기 때문에 항간에서는 낚시꾼을 태공이라고 부를 정도이다. 태공들이라는 호칭이 바로 낚시꾼을 일컫는 것이다.

그러나 낚시꾼이라고 해도 누구나 다 고기를 잘 잡는 것은 아니다. 하지만 실제 강태공은 낚시의 명인이었다. 물론 처음부터 그랬던 것은 아니다. 강태공은 어느 날 호숫가에서 낚시를 드리우고 있었다. 그때 호수 한가운데서 신선이 출현했다. 그리고 말했다.

"아이야, 너는 낚시를 좋아하느냐?"

이때 강태공이 대답했다.

"매우 좋아합니다."

그러자 신선은 고개를 끄덕이고 인자한 음성으로 강태공에게 낚시법을 소상히 설명해주었다. 처음 듣는 비결이었기 때문에 강태공은 듣는 순간 커다란 깨달음을 얻었다. 마침내 신선이 떠나가려하자 강태공은 다시 물었다.

"신령님, 저는 지금껏 고기잡는 법을 배웠습니다. 이것이 전부입니까?"

신선이 반문했다.

"무엇을 더 알고 싶으냐?"

강태공은 고개 숙여 절을 한 번하고 대답했다.

"어느 장소에서 고기를 잡아야 합니까?"

이 질문에 신선은 크게 웃으며 말했다.

"허어, 기특한지고…… 그런 것을 묻다니…… 내가 애기해줄테니 명심하거라…… 낚시란 고기가 있는 곳에서 해야 하느니…… "

이 말에 강태공이 다시 반문했다.

"신령님 그것은 당연합니다. 하지만 고기가 있는 곳은 어떻게 알지요?"

이 말에 신선은 더욱 미소를 지으며 대답해 주었다.

"정말 기특한 아이로구나. 이제 때와 장소를 얘기해주겠다."

이로부터 길고 긴 시간 신선의 강의는 계속되었다. 강태공은 모든 것을 듣는 족족 다 이해하고 깨달았다. 이로써 강태공은 낚시의 달인이 된 것이다. 전해지는 얘기에 의하면 강태공은 고기를 팔기도 하였는데 잡아 놓은 것을 파는 것이 아니라 주문을 받고 고기를 잡아 주었던 것이다. 그는 손님이 오면 얼만한 크기의 고기를 원하느냐고 물었다. 그리고는 주문에 따른 고기를 확실하게 잡아 주었다. 낚싯대를 두 번 물속에 드리우는 법은 없었다. 한 번에 바로 잡아내는 것이다. 강태공은 가히 낚시의 신이라고 부를만하다.

이제 기회를 잡는 것을 얘기하자. 이는 고기잡는 것과 전혀 다르지 않다. 기회가 있는 곳을 먼저 찾아야 한다는 것이다. 그리고 나서 육감이든 몸의 느낌이든 신중히 처신해서 기회를 잡으라는 뜻이다. 사업의 예를 들어보자. 모든 조건을 검토하고 선택의 순간이 왔다고 하자. 이때는 욕심이나 필요가 중요한 것이 아니다. 이 사업은 지금하면 성공할 것인가가 중요할 뿐이다. 잘못 선택하면 자본도 없어지고 세월도 낭비한다. 오랫 동안 매달리다 실패하면 상처는 더욱 커지는 법이다. 자칫하면 인생시간표를 다 탕진하는 수도 있을 것이다.

기회란 수많은 곳에 항상 있지만 그것을 제대로 포착하는 것은 매우 어렵다. 손자는 말했다. 실패의 위험을 모르는 자는 성공의 이익을 논할 수 없다고…… 우리는 기회가 있는 곳으로 나아가야 한다. 그리고는 신중해야 한다. 이번에 실패하면 인생은 끝장이라고 판단되면 가급적 피해야 한다. 위험이 너무 크면 행운을 기대해서는 곤란하다. 어려운 얘기이다. 하지만 선택의 요령은 여기에 있다. 사업은 성공할 것인가를 보고 시작하는 것이 아니다. 먼저 실패하지 않을 것을 생각해야 한다. 또는 실패해도 재기할 수 있어야 하는 것이다. 다음 장에는 기회의 장소, 즉 고기가 많은 곳을 찾는 방법을 찾아보자. 이런 장소가 바로 실패가 적은 장소이다.

# 기회가
# 모이는 곳

**강태공 이야기로 이어가자.** 그는 낚시터에서 문왕을 만났다. 문왕은 그를 스승으로 맞이하여 궁궐로 모셔갔고 이후 강태공은 문왕을 도와 중국천하를 통일했다. 이것은 인류의 위대한 발자취였다. 문왕은 평생 강태공을 옆에 모시고 중국의 900년 문화를 일으켜 세운 것이다. 강태공에 대해서는 무수히 많은 애기가 전해지고 있다. 그는 낚시터에서 천하를 낚았다고 말하기도 한다. 강태공은 낚시터에서 문왕을 만나기 위해 곧은 낚시바늘을 사용하여 낚시를 했는데 이 낚시바늘은 고기가 잡히지 않는 것이었다. 그는 호숫가에 앉아 천하가 낚이는 기회를 보고 있었던 것이다.

그리고 강태공의 위대한 행적은 또 하나가 있다. 그는 문왕을 만나기 전부터 오랜 세월 중국 천하의 온갖 정보를 모았다. 그는 이로써 중국천하가 돌아가는 모든 상황을 이미 파악하고 있었던 것이다. 이는 장차 자기가 문왕을 돕게 될 것을 미리 알고 천하의 정보를 모으고 있었던 것이다. 정보원으로 각국에 파견된 사람들은 그의 제자였다. 어쩌면 오늘날 정보기관은 강태공으로부터 비롯된 셈이다. 오늘날에 와서는 정보라는 것은 절대적인 요소로 이것이 없으면 국가도 존립할 수가 없고 사업도 성공할 수 없는 법이다. 강태공은 문왕의 스승이 되었고 또한 천하를 아우르는 정보를 장악했던 것이다.

이처럼 우리가 운명의 기회를 잡고자 한다면 정보가 필요하다. 정보를 통해 사업의 실체를 깨달을 수 있고 시류의 맥락을 이해할 수 있는 것이다. 여기서 내 지인의 예를 보자. 그는 우리나라에 있는 산업체의 사업내용이 무엇이며 역사가 어떻게 되며 현재의 사업 상태, 장래성, 다른 사업체와의 연관성 등 모든 사항을 조사하는 그저 평범한 회사원이다. 그가 행하는 일은 아주 어려운 게 아니다. 오늘날 인터넷을 활용하여 정보를 얼마든지 모을 수 있다. 그리고 아예 정부기관 중에 그런 일을 담당하는 부서도 있다. 이런 것 등을 참조하면 정보를 무한히 모을 수 있는 것이다.

그는 우리나라가 돌아가고 있는 상황을 아주 잘 알고 있다. 평범한 직장인이 어째서 그 많은 정보를 관리하고 있을까? 뻔한 얘기이다. 그는 포부가 크다. 그래서 언젠가 직장을 떠나 자기 사업을 하고자 하는 것이다. 무슨 사업을 할 것인가? 그것은 자기가 알고 있는 무수히 많은 정보중에 선택하면 된다. 그는 현재 사업에 뛰어들지는 않고 있지만 주변 사람이 그에게 사업정보를 물어오면 백과사전처럼 그 모든 것을 척척 자문해 주는 것이다. 예를 들어 그는 우리나라에 볼펜을 생산하는 곳이라든가 컴퓨터 판매유통구조라든가 자동차 사고 파는 일은 어떻게 이루어지고 있고 우리나라에 몇 곳이나 있는지 등을 알고 있는 것이다. 그의 힘은 머지 않아 어디선가 발휘되겠지만 실로 대단하다.

운명의 기회란 폭넓은 관찰과 관련된 정보를 많이 수집할수록 많아지는 법이다. 아무것도 모르는 사람은 운명의 기회를 잡을 수 없을 것이다. 항간에 이런 말이 있다. 하늘을 봐야 별을 따지…… 세상을 널리 살피지 않으면 기회란 없다. 자기가 하고자 하는 일이 아주 작은 것이라 할지라도 정보는 넓어야 한다. 오늘날 이런 일을 하는 것은 아주 쉽지 않은가! 가만히 앉아서 무슨 사업을 할까 궁리하는 정도로는 우물안에 개구리식이 될 것이다. 낚시의 비결은 우선 고기가 나오는 장소를 알아야 하고 운명의 기회는 세상에 많은 것을 알아야 잡을 수 있는 법이다.

# 골방에
# 처 박혀 있는 자들

기네스북에 의하면 사람끼리 서로 손을 맞잡고 길게 늘어선 기록이 나오는데 장장 **600㎞**를 늘어섰다고 한다. 여기에 동원된 사람은 200만 명으로 발트 3국을 관통했고 15분간 그 많은 사람이 의기투합했던 것이다. 대단한 일이거니와 이렇게 함으로써 무슨 일이 발생하게 되었을까? 그 행사에 참가한 사람들은 자신들이 현재 200만 명의 이웃과 연결되어 있다는 것을 의식하고 있었기 때문에 15분 동안이나마 영혼의 일체성이 이루어질 수 있었다. 이로써 그들은 단결하게 되고 먼 미래까지 그 힘은 유지될 것이다. 게다가 200만 명이 서로 손을 잡게 된 것은 재미로 만든 행사가 아니었다. 그들은 의식적으로 또는 상징적으로 단결을 도모하여 소련의 침공을 막겠다는 의지를 발현시킨 것이다.

겉으로 보기엔 단순한 내용이다. 그러나 그것이 갖는 힘은 막강하다 아니할 수 없을 것이다. 이로써 그들의 영혼은 서로 소통되었고 어느 나라도 감히 그곳을 칠 수 없는 운명의 방어막을 만들어내었다. 이 문제를 깊게 음미해보자. 사람이 서로 잠깐 악수를 하면 그 순간 약하게나마 서로 일체감을 느끼게 된다. 일체감이라는 것은 실제 우주자연계에 힘을 발휘한다. 사람에게는 영혼이 존재하며 그 영혼들은 일체감을 느낀 순간 기운을 교환하고 서로 돕는 힘을 발동하게 되는 것이다. 이 힘은 병도 치료할 수 있고 운명도 개선할 수 있는 막강하고 신비한 힘이다. 이런 힘이 몸을 휘감고 있으면 세상은 보는 눈이 달라지기 때문에 흉한 일을 저절로 멀리 하게 되고 어떤 기회가 왔을 때 몸이 반응하는 감도가 좋아질 것이다.

어떤 순간에 잘못 선택하게 되는 이유는 몸과 영혼이 맑지 못하기 때문이다. 앞이 잘 안 보인다는 뜻이다. 이런 이유로 해서 사람은 다른 사람과 항상 영혼의 기운을 주고 받아야 한다. 영혼의 힘을 주는 것과 받는 것은 누구에게나 이득이 된다. 그렇기 때문에 내가 남에게 영혼의 기운을 나누어 주어도 기운이 소진되지 않는다. 영혼은 천양(天陽) 그 자체이므로 기운을 사용하면 사용할수록 오히려 증강되는 법이다. 예를 들어 사랑이란 나의 기운을 남에게 쏟아붓는 것인데 사랑할수록 더 기운이 나는 것과 같은 이치이다.

내가 아는 어떤 사람 얘기를 해보자. 이 사람은 치악산 깊은 곳에 가족과 살고 있었다. 나는 우연히 그곳에 묵으면서 그들을 살펴보았는데 그들은 일 년 내내 사람 구경을 못하고 살고 있었다. 그들은 나를 보고 아주 신기해했다. 그리고 아주 멋쩍어했다. 그래서 나는 겨우 잠자리만 얻어 하루를 지내고 물러올 수밖에 없었다. 나중에 알고 보니 그들은 옥수수를 먹고 살았고 1~2년에 한 번 인간이 사는 곳에 소금을 구하러 나갔다. 그들은 맑은 공기속에 살기 때문에 몸은 싱싱해 보이는 듯 했지만 영혼은 매우 약할 것이다. 다른 영혼으로부터 기운을 받지 못하고 주지도 못하니 영혼은 날로 쇠약해질 것이 틀림없다.

영혼의 교류는 횃불을 함께 드는 것과도 같은데 많은 횃불이 모이면 세상이 밝게 비추어지는 이치이다. 영혼은 합치면 더욱더 밝아지는 법이다. 세상을 살면서 운명의 기회를 잡고자 한다면 나 자신과 주변 모두를 밝게 조명해야 가능하지 않겠는가! 많은 다른 영혼을 만나게 되면 그만큼 기회는 많아지는 법이다. 기회란 골방에 앉아서 골똘히 생각하는 것으로는 절대 찾을 수 없다.

# 꼴보기 싫더라도
# 티내지 마라.

　　**고대 중국의 춘추전국시대에 맹상군이라는 별난 인물이 있었다.**
이 사람은 사람 사귀는 취미로 역사에 남을 정도로 유명해졌다. 수
많은 친구들과 교우했다는 그 자체만으로 수천 년이 지난 오늘날까
지도 일컬어지고 있다. 널리 친구들과 교우하는 일은 실은 보통일
이 아니다. 하지만 그는 수많은 영혼과 통신채널을 열어두고 있었
던 것이다. 그의 교류는 사람얼굴 한 번 본 정도가 아니었다. 일일
이 대화하고 대접하고 정을 주고 진심으로 사귀었던 것이다. 많은
사람이 그를 신뢰하고 좋아했다. 이것만 보더라도 그의 인품은 훌
륭하다 하지 않을 수 없을 것이다.

　　사람이 다른 사람으로부터 호감을 받는다면 반드시 그만한 이유
가 있어야 한다. 맹상군처럼 수많은 사람과 교우할 수 있으려면 평

범한 인품으로는 불가능할 것이다. 그는 그럴만한 인품 때문에 세계적으로 수많은 사람과 교우를 맺을 수 있었다. 우리는 그를 영웅이고 위대한 사람이라고 말할 수 있을 것이다. 그리고 운명적으로 볼 때 수많은 사람과 교우할 수 있는 맹상군은 자존감이 매우 강한 사람이었다. 또한 이러한 인맥으로 왠만한 불운 정도는 주변의 수많은 영혼들의 보호 아래 쉽게 소멸시켰을 것이다.

그는 수많은 사람을 통해서 운명의 기회를 한없이 넓힐 수 있었다. 운명의 기회란 땅에서도 오고 하늘에서도 오지만 가장 많은 기회는 사람에게서 오는 법이다. 사람과 많이 교류하는 사람은 그 자체만으로 이미 불운에 대한 대비책이 서있는 것이다. 사람과 교우한다는 것은 돈이나 권력만으로 되지 않는 특별한 능력이다. 사람의 영혼을 보면 사귈만한 사람인지 금방 알아차리게 되어있다. 이는 바보일지라도 눈치 챌 수 있다. 맹상군은 적을 만들지 않았다. 그것이 그의 매력이고 인품이었다.

사람과 화합한다는 것은 천지인 삼재중에 핵심적 능력이다. 정의롭다는 것은 천(天)에 해당되며 돈이 많은 것은 지(地)에 해당되는데 사람과 교우하는 능력은 인(仁)의 덕목이다. 이것이 그의 존재 가치라 해도 과언이 아니다. 사람과 교우할 수 있는 능력은 사회성이라고 말하는데 이는 개인을 넘어 위대한 협력에 이른다는 뜻이다. 운명의 기회를 잡는데 이보다 소중한 것은 없다. 많은 사람과 교우할 수 있는 사람은 그 자체로 도움을 받을 수 있는 것이고 또한 다른 사람에게도 도움줄 수 있는 것이다. 이 세상에 사람을 통하지 않고 얻는 기회가 얼마나 될까? 모든 기회는 사람을 통해 얻어지는 법이다. 재앙을 막는 일도 사람에게서 온다. 만약 어떤 사람이 스스로 성공했다 하더라도 남에게 미움을 받는 사람이라면 미래의 행운을 보장받을 수 없을 것이다.

무엇보다도 사람과 교우하지 못하는 사람은 이미 우주시민으로서 자격이 없다고 봐야하고 하늘이 그를 존속시킬 하등의 이유가 없다. 무릇 존재란 다른 존재에게 이익을 줄 수 있어야 가치가 있는 법이다. 하늘도 이런 사람에게 도움을 주고자 할 것이다. 그 사람은 우주 전체에 이익이 되기 때문이다. 옛말에 이르기를 성인(聖人)은 천지화육을 돕는다라고…… 위대한 영웅, 인격자, 나아가 성인에 이르렀다면 그는 개인적 존재가 아니다. 그는 우주 공익에 기여하는 존재인 것이다. 그리고 이 모든 것은 사람과 교우함으로 발현된다. 옛 성인이 사람을 사랑하라고 가르친 것은 사람을 널리 사귀라는 뜻에 다름 아니다. 세상에 살면서 많은 기회를 얻고자 한다면 길게 생각할 것이 없다. 사람과 사귈 능력을 갖추고 또한 애써 실행해야만 한다.

# 사업도
# 마음이 하는 것

**여우를 피하려다 호랑이를 만난다는 말이 있다.** 이는 작은 위험을 피하려다 오히려 큰 위험을 만난다는 뜻이다. 이런 상황은 우리의 인생에 있어서도 빈번하게 발생하는 일이다. 생활에 쪼들린다고 빚을 내서 사업을 하다가 망하는 경우가 그렇다. 이렇게 되고 보니 쪼들리는 생활에 빚독촉까지 받게 된 것이다. 또 이런 말도 있다. 제사를 안 지낸 죄는 없어도 잘 못 지낸 제사는 죄가 된다고…… 이는 일을 하려면 제대로 하라는 뜻일 것이다. 사람은 궁지에 몰리면 신중함이 사라지고 하면 된다는 생각에 사로잡힌다. 투지는 좋다. 그러나 사업이란 것은 오로지 그 결과가 중요할 뿐이다. 스포츠라면 열심히 싸웠다는 그 자체가 가상하다. 역사적으로 유명한 새클턴의 항해는 실패했음에도 불구하고 성공한 것보다 더 큰 명예가 안겨졌다. 인류의 투지를 보여준 것이기 때문이다.

사람은 어느 때는 운명적으로 실패하는 경우가 있을 것이다. 그러나 이런 운명은 누구의 책임인가? 스스로의 책임일 뿐이다. 사람은 열심히 사는 것도 중요하지만 자신의 운명도 책임져야 하는 존재이다. 실패했으니 벌을 받아야 한다는 말이 아니다. 실패하지 않도록 신중에 신중을 거듭하라는 뜻이다. 실패는 대개 자신의 능력을 파악하지 못한 것이 첫째이고 둘째는 때를 파악하지 못했기 때문에 발생한다. 운명에 스스로 책임져야 한다는 것은 바로 때를 알고 행동해야 한다는 뜻이다. 문제는 때를 어떻게 알아내는가이다. 이것은 너무 어려운 문제이다. 때가 맞는지를 족집게처럼 알려면 도인이나 성인의 경지를 넘어서 신만이 그것을 알 수 있을 것이다. 미래, 시간은 이토록 알기 어렵다. 하지만 대책은 있다. 개연성을 감안해야 하고 징조도 살펴야 할 것이다. 마음이 다급하면 때를 파악할 수가 없다. 욕구 때문에 무조건 때가 되었다고 주장하게 되는 것이다. 실패한 사람은 대부분 여기에 해당된다.

급하게 추진한 것도 성공할 경우는 있다. 그러나 실패할 징후가 더 큰 것이다. 성공한 사업, 시기를 잘 선택한 것은 원래 마음이 편안하고 방법 자체에 무리가 없어야 한다. 빚을 내서!…… 이것은 이미 더 나빠질 징후에 해당된다. 많은 사람이 반대한다! 이 또한 실패의 징후이다. 좀 더 생각해야 한다. 사업계획이 편안하고 무리가 없으면 이때 조금 더 기다려서 하면 된다. 즉시 달려들면 일단 불길하다고 보면 되는 것이다. 이런 말이 있다. 가만히 있으면 중간은 간다…… 이는 사업을 시작하지 않으면 실패도 성공도 없다는 뜻이지만 이러한 상황에서도 자기가 사업을 하면 성공할 것이다라는 확신에 빠진 사람들이 많다. 성공의 확신은 그저 확신이지 보장이 아니다. 그렇다면 기회가 왔다는 것은 어떻게 파악해야 하는가? 인위적인 행동과 계획은 위험에 빠질 수가 있다. 그래서 우선 자연스러워야 한다. 하지만 물론 자연스럽다는 것 자체는 알기 쉬운 것이 아니다. 자기는 자연스럽다고 얼마든지 주장할 수 있다.

그러나 조금 더 생각해보자. 눈앞에 닥친 계획을 좀 더 숙고하자는 것이 아니라 자기 자신을 보자는 뜻이다. 현재 자기에게 우환이 있는가? 예를 들어 부모가 갑자기 아프다거나 가족 중 누군가에게 사고가 있었다고 하자. 이럴 때는 실패가 예정되어 있는 것이다. 좀 더 상황을 봐야 한다. 요즘 들어 부부싸움이 잦아졌다면 어떨까? 이럴 때도 사업을 시작하면 안 된다. 부모가 사망했거나 자식이 유학을 갔을 경우에도 잠시 세월을 보내야 한다. 최근에 갑자기 수입이 줄었거나 돈을 빌리는데 애를 먹었을 때에도 사업을 시작하기에 맞지 않다. 자기 자신의 건강에 약간이라도 문제가 생긴 듯하면 이또한 때가 아닌 것이다. 모두 다 자연스럽지가 않기 때문이다. 사업

을 시작할 준비가 아무리 잘되어 있다 할지라도 그에 앞서 자신의
신변이 편안해야 한다. 편안하다는 것이 바로 자연스러운 것이다.
막연한 결심과 투지는 자연스러움과는 거리가 멀다.

# 카지노 도박

**어떤 도박이든 무작위 확률에 의해 승부가 결정된다.** 다만 그 확률을 카지노 측에서 자신들에게 약간 유리하게 만들어 놓았을 뿐이다. 그래서 오랫 동안 카지노에서 게임을 하면 결국은 지게 된다. 그렇다면 세계적으로 그토록 많은 전문 도박사들은 어떻게 그들의 수입을 유지할 수 있을까? 그들은 운이 좋을 때는 게임을 하고 운이 나쁠 때는 하지 않는 방법으로 이익을 극대화시키기 때문이다. 언젠가 어떤 도박사가 내게 승률을 높이는 법을 물은 적이 있었다. 내 대답은 뻔했다. 운이 좋을 때 게임을 하라고…… 내가 이렇게 대답하자 그는 웃으며 말했다.

"그걸 누가 모르나요. 내가 묻는 것은 어떻게 운이 좋을 때를 아느냐입니다."

그의 질문은 핵심을 찔렀다. 운이 좋은데 게임을 하라는 것은 낚시꾼들이 고기를 잡을 때도 응용된다. 어느 때는 고기가 유난히 많아질 때가 있는 것이다. 물론 유능한 낚시꾼들은 그것을 잘 알고 있다. 그들은 기후라든가 계절, 장소 등을 잘 파악한다. 그러나 카지노게임은 그런 징후조차 제공하지 않는다. 그저 막연히 무작위 확률게임일 뿐이다. 언제 운이 좋은가는 각자가 알아서 생각할 일이다. 문제는 운 좋은 때를 찾는 것이다. 이런 문제는 실은 도박뿐 아니라 인생 항로에 있어서도 똑같다. 운 좋을 때 사업을 하고, 나쁠 때는 쉬면 된다. 도박사가 내게 물었던 것은 주역전문가인 내게 특별한 비결이 있는지를 물었던 것이다. 운 좋을 때 게임을 해야 한다는 것은 주역전문가보다 도박사가 이미 몸에 익숙하다. 단지 주역은 폭넓은 인생살이에 적용하는 것이고 도박은 특정 게임에 한정시키는 것이다.

아무튼 질문의 요지는 분명하다. 때를 어떻게 알 수 있는가이다. 이런 문제는 아주 어려워서 제갈공명조차도 실수를 하는 법이다. 제갈공명도 출사표를 던졌을 때 시기가 안 좋았던 적이 있다. 공명은 전쟁터에서 승리를 목전에 둔 채 회군할 수밖에 없었다. 모든 것에 능통한 그가 시기의 흐름을 잠시 간과했던 것이다. 우리 인생 주변에는 이런 일이 허다하다. 아주 유능한 사람이 사업에 실패하기도 하는 것이다. 때가 이르거나 늦어져서이다. 내 경우도 이런 일이 많았다. 칠십 평생에 실패는 99.99……9%였다. 때를 몰랐기 때문이다. 그래서 주역연구에 더 몰두하게 되었지만 이제는 때에 맞추는 섭리를 깨닫게 된 것이다. 내가 도박사에게 대답해준 것이 바로 그 내용이었는데 도박사는 새겨듣질 못했다. 운 좋을 때! 원래 도박사는 그것을 잘 알고 있는 사람이다. 그러니 평생 직업을 도박으로 삼고도 살아남은 것이다. 이는 프로를 두고 얘기하는 것으로 일반인은 그저 100% 진다고 보면 틀림없다. 그러나 인생이란 것은 100% 실패할 수는 없는 일이니 기필코 운 좋을 때를 알아야 하는 것이다. 도박이 아닌 사업을 제대로 하기 위해서 말이다.

여기서 제대로라는 말은 방법을 얘기하는 것이지만 그때를 선택하는 것도 같은 범주에 들어간다. 언제 사업을 해야하는가? 때가 좋을 때 해야 한다. 대답이 되었는가? 아니다. 무슨 말인지 통 모르겠다. 운이 좋을 때를 알고 싶을 뿐이다. 자, 이제 확실히 대답하겠다. 누구나 알 수 있는 내용이다. 내 얘기를 조금 하겠다. 나는 수십 년간 지난 세월을 뒤돌아보는 일을 계속했다. 지난 달은 살기에 좋았던가? 지지난 달은 어땠었지? 작년은 나빴나 좋았나? 이런 식으로 세월을 평가하는 것이다. 누구나 할 수 있는 일이다. 어떤 사람은 악몽같은 세월을 보내기도 하고 어떤 사람은 좋은 시절이었다고 말하기도 한다. 1달 단위, 혹은 1년 단위도 좋다. 나의 경우는 3개월 단위로 점검하는데 3개월은 한 계절로 시간운명의 단위이기도 하다.

이렇게 하다보면 누구나 운명의 흐름을 알 수 있게 된다. 계속 좋은 세월을 보내고 있었나? 아니면 계속 나쁜 세월을 보내고 있었나? 여기서 중요한 것은 "계속"이라는 것이다. 좋았다 나빴다를 반복한다면 별 의미가 없다. 보통 누구나 그럴 뿐이기 때문이다. 문제는 계속 좋거나 나쁘거나인데 계속 좋다면 이는 잘되고 있는 때를 의미한다. 이로써 사업이든 무슨 일이든 하면 잘된다고 봐야 한다. 나쁠 때는 그 반대이다. 좋고 나쁨이 몰려다닐 때를 주목하라는 말이다. 도박용어에 스트리크현상이 있다. 이는 잘될 때는 왠지 모르게 계속 잘된다는 것이다. 일류 도박사는 이를 느낌으로 포착하고 베팅을 크게 올린다. 잘될 때 크게 하자는 뜻이다. 간단한 얘기이다. 잘될 때 게임을 하라는 뜻이다. 우리의 인생도 이렇다. 잘될 때 사업을 하든 판을 키우면 된다. 나쁜 시절에는 무엇이든 삼가야 한다. 조금 좋은 듯하다고 달려들면 안 된다.

나의 경우를 보면 특별히 사업같은 것은 하지 않지만 운명이 좋아진다거나 나빠지는 세월을 항상 느끼며 산다. 이런 것은 신통력이 아니다. 지난 날을 돌아보는 것뿐이다. 이런 일을 계속하다보면 어느새 육감이 발달하게 된다. 왠지 기분이 좋은데!…… 또는 나빠지는 것 같아!…… 이런 식이다. 세상의 모든 일은 단편적으로 나타날 때는 운의 흐름을 알기 어렵다. 그러나 지속적 현상이 일어날 때는 누구나 알기 쉬운 법이다. 보통 3개월 단위로 좋았다 나빴다를 보다가 계속 3회 이상 좋아지면 이는 운명의 상승세이다. 이럴 때는 대체로 잘되는 법이다. 사업이든 주식이든 결혼이든 여행이든, 뭐든 하면 좋다. 이런 것이 오랜 경험으로 쌓이게 되면 지난 세월을 돌아보면서 흐름을 어렵지 않게 파악할 수 있게 된다. 세상일은 잘될 때 하면 되는 것이다.

# 식물인간

**지나치게 게으른 것을 나태라고 부른다.** 나태한 사람은 세상에 태어나서 해야할 일을 하지 못하고(하지 않고) 태평하게 지낸다. 이런 사람에게는 모든 것이 귀찮게 보이는 것이다. 그렇기 때문에 이런 사람에게 운명의 기회란 있을 수 없다. 기회라는 것은 노력하는 가운데 나타나는 것이지 때를 기다린다고 나타나는 것은 절대 아니다. 나태라고 하는 것은 우주의 죄악이다. 생명체, 나아가 인간으로 태어났다고 하는 것은 쓸만한 일을 하라고 조물주가 혜택을 준 것이라고 봐야한다. 근면이란 것은 나 자신은 물론 남에게까지 이익을 주기 때문이다. 아무 일도 하지 않는다면(못하는 것이 아니라) 이는 식물인간에 다름 아닐 것이다. 그렇기 때문에 나태는 기회를 포기하고 막연히 세월만 낭비하는 꼴이 된다. 기회란 우선 그것을 바라고 민첩하게 움직이는 사람에게만 존재하는 행운의 열매인 것이다. 어떤 교훈에 '두드려라 그러면 열릴 것이다'라는 말이 있는데, 이처럼 기회는 우선 살펴보고 있는 사람에게 나타나는 법이다.

낚시만 해도 물가를 바라보며 고기가 나타난 낌새를 살피는 일이다. 기회를 원하는 사람은 자신이 나태한 사람이 아닌가를 예의주시해야 한다. 대개는 최선을 다하고 있는 중이라고 말한다. 그러나 이는 바로 나태이다. 최선이란 단어는 할 수 있는 한이란 뜻이지만 실은 사람은 할 수 있는 일을 다하지 못한다. 그저 현실이 만족하고 태평히 지내는 것 뿐이다. 이렇게 살면서 기회를 엿보고 있다고 말하면 안 된다. 이런 사람에게 발전은 있을 수 없다. 기껏해야 그런 상태를 유지하는 것이 고작이다.

이런 상태를 주역의 괘상으로는 수산건(☷☶ : 水山蹇)이라고 하는데 이는 어둠속에 갇혀 꼼짝 못하는 모습을 뜻한다. 반면 수뢰준(☵☳ : 水雷屯)이라는 괘상은 어둠속에서도 부지런히 움직이는 모습을 보여준다. 이 괘상은 소위 말해 최선을 다하는 것이다. 그러나 수산건은 아무 일도 하지 않고 막연히 어둠이 걷히기만 희망하는 모습이다. 기다림이란 실은 그 자체가 활동하는 모습인 것이다. 운명이 깃들게 하기 위해 해야 할 활동은 여러 가지가 있지만 내가 추천하고 싶은 방법이 있다. 나는 이런 활동을 수십 년이나 해왔고 확실히 효과가 있었다. 그것은 천택리(䷉ː天澤履)라는 괘상의 가르침인데 자신의 실체를 하늘 아래 낱낱이 드러내는 것이다. 다시 말하자면 포용력을 무한히 키워야 한다는 의미이다. 포용력이란 다른 말로 용서라는 뜻도 있고 남을 이해해준다는 뜻도 있다. 그렇게 하면 하늘도 나를 바라봐줄 것이다.

# 양주 파티

**K는 주식전문가였다.** 그는 경제 전반에 관해 통달한 사람이었고 그 분야의 광범위한 정보망도 있어 주식의 흐름을 손바닥 보듯 훤히 꿰뚫고 있었다. 그래서 그는 주식에 투자하여 제법 많은 돈을 벌었다. 어느 날이었다. 그는 어떤 주식에 대해 판단을 했다. 이 주식은 내일 아침 크게 오를 것이라고…… 그는 자기 자신의 맞을 확률은 99%라고 장담했다. 그리고는 자신의 전 재산을 들여 그 주식을 사들였다. 그는 친지 몇 사람에게 그 주식이 오를 이유에 대해 설명했다. 나도 그 자리에 있었는데 그의 설명이 얼마나 진지하고 전문적이었는지 주식을 아예 모르는 나조차도 그럴듯해 보였다. 그의 설명은 주변을 압도했다. 세계경제가 나오고 주식시장의 흐름을 일목요연하게 설명하여 감동을 자아내고 있었다. 그리고는 내일 일을 축하한다는 의미로 양주 파티까지 열었다. 그는 내일 아침이면 자

신은 부자가 된다면서 앞으로 돈을 쓸 계획까지 설명했다. 그럴 수밖에 없었다. 그는 주식투자 수십 년만에 이처럼 확신을 가져본 적이 없었다며 기분이 잔뜩 들떠 있었다. 그리고는 다음날 아침을 맞이한 것이다.

나는 주식은 모르지만 주역전문가로서 그의 확신은 다소 위태롭게 보였다. 하지만 주식전문가가 그토록 확신했기 때문에 그런가보다하고 이해했을 뿐이다. 그런데 어떻게 전개되었을까? 주식전문가가 보면 주식은 뻔히 올라야 되는 것이었다. 하지만 세상일은 뜻밖에 변수가 많은 법이다. 주식은 그의 뜻대로 오르지 않고 최악의 상황을 맞이했다. 그는 경악했고 거의 실신할 것처럼 보였다. 사건은 이렇게 끝났다. 그는 선물이라는 주식상품에 투자했는데 99%는커녕 1/2확률도 맞추지 못했다. 그는 지난 1년 동안 번 돈을 전부 날리고 빚까지 지게 되었다.

이런 사람은 아주 많을 것이다. 기회다 싶어 많은 돈을 투자했건만 오히려 망하는 기회가 되고 말았다. 운명이란 흔히 이런 식으로 결말이 나기도 하는 법이다. 도박이나 주식은 특히 그렇다. 그러나 도박이나 주식이 다른 사업에 비해 위험하다는 것은 아니다. 왜냐하면 돈만 손해보면 그만이기 때문이다. 주식이나 도박과 달리 사업은 오랜 세월 매달리다가 망하기도 하는 바 이럴 때는 돈 외에 세월까지 탕진하는 것이다. 세월은 한 번 가면 돌아 올 수가 없고 나이 들어감에 따라 기회는 점점 죽어들게 되어 있다. 투자에는 이런 점까지 감안해야 하는 것이다. 사실 중요한 것은 돈보다 세월이다. 젊은 사람이 작은 돈을 투자했다가 망하면 또다른 기회는 얼마든지 있다. 그러나 나이 많은 사람은 더욱더 조심해야 할 것이다.

문제는 지나친 확신이다. 이는 주역의 괘상으로 택풍대과(☱: 澤風大過)라는 것인데 반드시 망하는 징조이다. 주식이나 사업투자, 연애 등에서는 확신이 미래를 망가트리는 역할을 한다. 가만있으면 순조롭게 진행될 일도 지나치게 확신하면 우주의 역사가 바뀌는 것이다. 이를 두고 마음이 운명을 방해한다고 하는 것인데 택풍대과는 과장, 위험한 생각, 자기 자신을 속이고 운명을 가지고 장난하기 등의 뜻이 있다. 괘상의 모습은 호수의 물이 범람하여 주변의 나무마저 삼켜버린다는 뜻이니 크게 망한다는 의미로 보면 된다. 신념이 지나치면 자기 눈을 가린다. 특히 투기사업, 주식투자에서는 더더욱 조심해야 한다.

# 당신은 투기사업을 해서
# 성공한 적이 있는가?

**일반 주식에 대해 생각해보자.** 이것은 싸게 사서 비싸게 팔아 그 차액을 남기는 게임이다. 간단하다고 생각할 수도 있다. 그러나 이는 보통 일이 아니다. 시간의 앞날을 내다볼 수 없기 때문이다. 여기에는 상식도 통하지 않고 천재도 별수가 없다. 주식은 어떻게 투자해야 하는가? 참으로 어려운 문제이다. 그러나 정답에 다가서는 방법이 없지 않다. 끝까지 차분하게 읽어나가길 바란다.

여기 주식에 투자하고자 하는 사람이 있다. 당신이라고 가정해도 좋다. 단순하게 물어보자. 당신은 하는 일에 잘 성공하는 편인가? 특히 남과 경쟁해서 이기는가를 묻고 있는 것이다. 어떤 내기시합이라고 해도 좋다. 당신은 잘 이기는 사람인가? 당신은 경쟁에서 지는 경향이 자주 있는가? 답이 그렇다이면 당신은 지는 그룹에 속하는 것이다. 이것은 당신에 대한 분류이다. 지는 사람은 항상 지게 되어 있다. 경기이든 도박이든 투기사업이든 지는 그룹에 속하는 사람은 언제나 지는 것이다. 이것은 운명의 습관이다. 이것부터 고쳐야 한다. 주식은 투기이고 경기이고 도박이다. 당신 자신이 지는 조에 속해 있으면 아무리 잘해도 나중엔 손해를 보는 법이다. 주식을 하고자 한다면 평소에 어떤 일에서도 이기는 조에 속해야 한다.

주식은 열심히 경제학을 공부해서 되는 것이 아니다. 노벨 경제학상을 받은 학자도 지는 그룹에 속해 있으면 도리가 없다. 실제로 노벨 경제학상을 받은 전문가중에 전문가들은 주식투자에 번번이 실패한다. 이는 그들이 주식에 대해 몰라서가 아니다. 그저 지는 종류의 사람이기 때문인 것이다. 그렇기 때문에 열심히 주식공부를 해도 도움이 되지 않는 것이다. 먼저 이기는 습관, 이기는 그룹, 이기는 조에 속해야 하는 것이다. 방법이 따로 없다. 매사에 강해져야 한다. 똑똑한 사람이 이기는 것이 아니다. 왠지 잘 이기는 사람이 주식에서도 성공한다. 패배의 그룹에서 이기는 그룹으로 소속을 옮기려 한다면 대단한 각오가 있어야 한다. 자기 자신을 이기는 그룹으로 끌어올려야 하는 것이다. 주식을 투자하기 오래전부터 자신의 지는 버릇을 없애야 한다는 뜻으로 이해하면 된다.

여러 가지 방법이 있다. 자기가 실패할 경우를 일일이 기록해두 거나 숙지하면 된다. 잘 지는 사람은 자기가 얼마나 자주 패하는지 조차 모른다. 그저 그쪽으로 끌려가는 것뿐이다. 자기 자신을 잘 살 펴야 한다는 뜻이다. 자신을 오래 살피다 보면 어느새 지는 것에서 멀어지고 이기는 쪽으로 끌려가게 된다. 실패란 실력이 없어서가 아니다. 자기가 실패를 선택한 것이다.

# 주식의 논리

**전 장을 이어가자.** 우선 당신이 지는 조에서 빠져나왔는가가 전제조건이다. 다시 말하거니와 매사에 실패가 많은 사람은 이것이 실력 때문이라고 생각할 수 있는데 결코 그렇지 않다. 영혼 자체가 그런 식으로 습관되어 있기 때문일 뿐이다. 이런 영혼은 이기는 것을 두려워하기 때문에 어떻게 하든 지는 쪽으로 자신을 끌고간다. 그리고는 편안해 하는 것이다. 지는 것, 실패, 이런 습관은 성취불안이라는 증상과 비슷하다. 성공의 순간 영혼이 불안해서 빨리 실패쪽으로 자리잡는다. 이런 사람은 처음부터 주식을 실패하기 위해 투자한다. 이것에서 벗어나려면 실패한 자기모습을 항상 떠올리며 자신은 이제 실패하는 조에서 탈퇴하여 이기는 조로 들어가는 것을 많이 상상해야 한다. 여러 번이 아닌 한 번만이라도 이기는 것이 중요하다. 한 번 이기면 영혼이 또 이기는 쪽으로 움직이려고 한다.

이것이 반복되면 어느새 이기는 조로 들어서게 된다. 이렇게 되면 이제 주식투자를 해도 좋다. 전문적인 지식이 없어도 좋다. 아이러니하게도 전문지식이 있는 경제학교수들은 실은 무식한 사람보다 주식에 실패를 더 많이 하는 법이다.

　자, 이제 주식을 사자. 언제 사야 하는가? 이것은 절대 급하지 않다. 주식은 무수히 많기 때문에 딱히 특정 주식을 사지 못해도 좋다. 주식의 종류는 많다. 그러니 여유를 가지고 천천히 또 다른 주식을 고르면 된다. 다음 질문은 어떤 주식을 고르느냐인데 이것은 남에게 물어도 좋고 전문가의 조언을 들어도 좋다. 전문가의 견해를 무조건 믿으라는 뜻은 아니다. 그저 폭넓게 남의 의견에 귀를 기울이라는 것이다. 특히 자신의 생각과 반대인 의견을 많이 들어야 한다. 다음 질문은 주식투자를 얼만큼 해야 하느냐이다. 집을 팔아서 몽땅 한번에 사야하느냐? 혹은 빚을 내서 크게 한판 저질러야 하느냐? 이런 식이면 주식은 반드시 실패하게 되어 있다. 주식 자체를 그만두어야 한다. 그렇다면 얼마를 사야 하는가? 처음 시작하는 사람은 무조건 조금 사야한다. 돈이 많은 사람이라도 마찬가지이다. 이는 주식에 처음 발을 들여놓고 자신이 실패하느냐 성공하느냐 하는 것을 점치는 행위로 이해하면 된다. 이긴 경험이 있는 사람은 액수를 조금 올려도 된다. 그러나 이긴 경험이 없는 사람은 무조건 낮추는 것이 좋다. 이렇게 조심스럽게 접근하여 영혼이 주식을 느끼게 해야한다. 이는 수영을 처음 배울 때와 아주 유사하다. 물맛을 봤으면 됐지 처음부터 깊은 물에 들어서면 안 되는 것이다. 멀리 수영하기 위해서는 차츰 길이를 늘여나가는 훈련이 필요하지 않겠는가! 주식은 바다 수영만큼 위험한 것이다.

다음 질문을 보자. 적당량 주식을 가지고 있다. 언제 팔아야 하느냐? 답은 아주 간단하다. 아무 때나 팔아도 좋다. 가만히 있으면 오를텐데 미리 팔아서 못 버는 것이 아닌가 라는 생각을 하면 안 된다. 못 벌어도 좋다. 산 주식을 파는 것은 무조건 이익이다. 이는 사자마자 팔라는 뜻이 아니다. 적당히 눈치를 봐서 팔아도 되는 것이다. 다만 옳고 그름을 깊게 생각하지 말고 마음대로 팔면 된다. 남에게 절대 물어서는 안 된다. 살 때와는 반대이다. 사는 것은 가급적 남에게 묻는 것이 좋다. 자신이 전문가라 하더라도 남에게 물어야 한다. 그러나 팔 때는 지신이 전문가가 아니더라도 제멋대로 팔아도 좋다. 그 이유를 논의해보자.

주식은 세 가지 요소로 구성되어 있다. 이것을 반드시 알아야 한다. 첫째, 주식은 경제논리로 되어 있다. 그래서 사람들은 이리저리 생각해보고 남에게 묻기도 하는 것이다. 아무래도 좋다. 경제논리는 주식의 절대조건은 아니다. 얼마든지 경제논리는 빗나간다 실은 빗나가는 경우가 더 많다. 이는 사람끼리 하는 게임이기 때문이다. 순수 경제논리보다는 심리(心理)이기 때문이다. 경제논리는 대충 알면 된다. 이는 남에게 물어보면 대충 맞는다. 주식은 족집게처럼 하는 것이 아니다. 대충하는 것이다. 하지만 약간은 경제논리를 존중해야 한다. 어디까지나 존중일 뿐이다. 경제논리를 신봉해서는 안 된다. 그것은 결과론일 때가 많기 때문이다. 누구라도 항상 정확하게 미리 알 수는 없다.

주식의 두 번째 논리를 보자. 이것은 도박의 논리인데 얼마를 사야 하느냐이다. 도박에 베팅액수를 의미하는 것이다. 주식을 많이 사느냐 조금 사느냐는 경제원리가 아니라 스스로 결정하는 도박일 뿐이다. 처음엔 당연히 적게해야 한다. 주식해서 이긴 돈이 있다면 그것을 몽땅 투입해도 좋다. 아깝고 무서우면 주식은 당분간 하지 말아야 한다. 도박에서 두려움은 금물이다. 도박에 베팅을 올리는 것은 용기의 문제이지 지혜의 문제는 아니다. 경제논리는 지혜와 지식에 가깝다. 그러나 용기는 그저 용기일 뿐이다. 용기는 얼마나 가져야 하느냐가 정해져 있는 것은 아니지만 굳이 수치를 정하자면 2/3정도가 좋을 것이다. 약간의 용기를 가지라는 뜻이다. 이미 주식투자액수의 총액이 정해졌으니 그 한계내에서는 용기를 가지라는 뜻이다. 총액한계는 반드시 미리 정해놓아야 한다. 투자 도중에 욕심이 나서 총액을 넘어서거나 지나치게 줄이면 안 된다. 도박논리는 실은 지능보다는 용기이고 그것이 약한 사람은 주식이 아니라 안전한 곳, 즉 순수하게 경제논리가 통하는 곳에 투자하면 된다.

이제 주식의 세 번째 논리를 보자. 이것이 가장 중요한데 이것만으로도 주식에 성공할 수 있다. 장을 바꾸어 심도있게 논의해보자.

# 실력이 있어도
# 운이 없으면 안 된다.

　**주식에 있어서 세 번째 논리는 다름 아닌 운의 논리이다.** 운 좋은 사람이 이긴다는 것인데 당연한 것을 얘기한다고 생각할 것이다. 그런 것이 아니니 잘 생각해보자. 문제는 운 좋은 사람이 되는 방법이다. 여기에는 방법이 있다. 그것은 운 좋은 사람이 되겠다는 마음이 있어야 한다는 것이다. 단순히 실력있는 사람이 되어서는 안 된다는 뜻이다. 옛날 병법에 이런 말이 있다. 힘 좋은 사람은 용기있는 사람만 못하고 용기있는 사람은 지혜로운 사람만 못하고 지혜로운 사람은 인격있는 사람만 못하고 인격있는 사람은 운 좋은 사람만 못하다고⋯⋯ 전쟁일나 대개 실력에 의해 승패가 결정나는 것일 텐데 실은 여기에서도 운의 작용이 최고의 논리인 것이다. 주식도 마찬가지이다. 무조건 운이 좋아야 한다.

주역으로 배우는 운명학

그렇다면 어떻게 운을 좋게 만드느냐? 그것은 간단하다. 운을 좋게 만드는 행위가 아니면 모두 그만두는 것이다. 예를 들어 이 주식이 오를 것인가 내릴 것인가를 생각하면 안 된다. 이런 생각은 지혜일뿐이지 그 자체로 운을 만드는 것이 아니다. 그렇다면? 다시 말하겠다. 주식이 오를 것인지 내릴 것인지 판단하지 말고 그저 팔까말까를 결정하는 것이다. 역시 이유를 생각하면 안 된다. 어떠한 생각도 운을 방해하기 때문이다. 운이란 생각으로 되는 것이 아니고 자연스럽게 운과 합일해야 하는 것이다. 생각이 아니고 몸이 자연히 그쪽으로 흘러가도록 내맡기는 것이어야 한다는 뜻이다. 이렇게 하면 운이 붙는 법이다. 우리의 마음은 때로 운을 방해하는 작용을 하기 때문이다. 저 앞에서 구슬을 찾아낸 도인의 행동을 보자. 구슬이 어디 있는지를 생각하지 않았다. 그냥 그곳으로 간 것이다.

주식이란 투자할 때 어떤 주식을 얼만큼 사느냐를 생각해야 한다. 분수에 맞지 않을 만큼 많이 사면 이는 배짱이 아니라 만용이다. 남에게 묻든지 방송이라도 참조해야 한다. 전문가에게 묻고 전문가의 방송을 들으면 좋겠지만 실은 나 아닌 누군가의 의견을 참조하라는 뜻이다. 그러나 이 모든 것이 끝나고 팔가 말까를 결정하는 순간이 왔다면 이때는 아무 말도 듣지 말고 아무 생각도 하지말고 제멋대로 하면 된다. 말하자면 딱히 어떤 짓을 하지 않는 것뿐인데 실은 이럴 때 운을 기대할 수 있는 법이다. 주식 외에 모든 일도 그렇지만 특히 주식은 운을 당겨야 하는 것이다. 아무 생각 없이 잠을 자다가 갑자기 일어나서 팔아도 좋다. 이것은 운을 믿는 행위이다. 도인들이 점을 칠 때 이렇게 한다. 아무 생각 없이 운에 맡기는 것이다. 나의 점이 맞을지 틀릴지조차 운에 맡긴다는 뜻이다. 주식은 생각을 많이 하는 사람은 망하는 법이다. 더 정확하게 말하면 처음에 투자할 때는 조금 생각하고(남의 생각을 듣는 것) 팔 때는 운에 맡기는 것이다. 운에 맡기면 운이 생기는 것이 우주대자연의 이치이다. 이는 매우 어렵고 정밀한 이론이므로 장을 바꿔 상세히 논의해보자.

# 주식의 미래

**자연과학 이야기를 시작하자.** 물질의 내부를 보면 중심에 핵이 있고 그 주위를 전자가 돌고 있다. 이 전자는 궤도상 위치가 있고 또한 속도가 있다. 그런데 우리가 측정할 때 전자의 속도를 잰다면 그 전자의 위치를 모르게 되는 것이다. 또한 전자의 위치를 잰다면 그 전자의 속도를 모르게 된다. 다른 말로 전자의 속도와 위치를 동시에 잴 수는 없다는 것이다. 이것은 측정의 기술에 관한 것이 아니라 자연계의 법칙 자체가 속도와 위치를 동시에 잴 수 없다는 뜻이다. 이를 불확정성원리라고 하는데 이는 자연계의 속성이다. 따라서 이는 신이라 할지라도 불가능한 일이다. 당초 이러한 법칙은 신이 만든 것인지도 모르지만 이유는 모른다. 과학자들은 그저 그러한 법칙이 있다는 것만을 알아냈을 뿐이다.

불확정성원리는 아주 심오한 자연의 성질이며 우주에 물질이 생기게 된 것도 이 법칙에 의해서이다. 이는 호킹박사가 연구했는데 우주란 무(無)의 요동에 의해 생겼다는 것이다. 여기서 요동이란 불확정성을 말한다. 더 정확히 표현하면 시간에너지 불확정관계이다. 우주에는 하나를 알면 그 대신 그 어떤 것을 알 수 없게 되는 법칙이 있는 것이다. 주식에 있어서는 주식이 오르거나 내리거나를 알게 되면 그것이 언제 그렇게 되는지는 모르게 된다는 뜻이다. 미래란 원래 다 그렇다. 사건 자체를 확실히 알고자 하면 그 시간을 알 수 없게 되는 것이다. 주식을 가지고 있는데 그것이 오르긴 오를텐데 언제 오르는지 모른다면 무슨 소용이 있을까? 미래의 일은 정확히 알고자 하면 그 행위에 의해 언제 그 일이 일어나는지는 모르는 것이다. 신도 자연의 법칙을 어기지 않고서는 알 수가 없다. 그래서 주식에 있어서 앞날을 대충 생각해야 한다. 그리고 정작 큰 문제는 미래의 일을 알기 위해 관찰과 생각을 압축할수록 그것이 빗나갈 가능성도 커진다는 것이다.

사람의 마음도 이와 같다. 압박을 가하면 어떤 행동이 나올지 알 수가 없다. 미래의 일은 다 이렇다. 자연의 성질은 인간의 관찰에 의해 요동을 치는 바 그로써 미래의 실체는 알 수 없게 된다. 과학자들이 관찰하고 연구한 바에 의하면 자연계는 인간이 관찰하려고 마음만 먹어도 변형을 일으킨다는 것이다. 주식도 그렇다. 정확히 알려고 하는 순간 그 마음에 의해 미래의 일은 요동친다. 즉 알지 못하는 변수가 생긴다는 뜻이다. 전문가의 생각은 더 그렇다. 그들은 보통사람보다 아는 것이 많고 정밀하기 때문에 자연이 반발한다. 즉 불확정성이 출현하는 것이다. 호킹박사가 말했다. 미래를 정확히 아는 것은 신이 금지시킨 것 같다고…… 주식이란 장담하고 확신하면 그 자체의 행위 때문에 미래는 오히려 틀어지게 되는 법이다. 운이란 억지로 알려고 하면 반드시 부작용이 뒤따른다. 주식을 팔 때는 확신이 없어야 한다. 그냥 아무렇게나 팔고 운을 기다려야 하는 것이다. 이것은 아무 일도 안 하는 것이 아니다. 운이 스스로 일어나게 하는 것이고 미래의 일을 확신하지 않는 그 자체로 미래일를 이끌어내는 것이다. 운에 맡기면 운이 좋아지는 법이다. 한 개인의 욕망을 버리고 주어진대로 미래를 맞이하겠다는 것이니 이 어찌 훌륭한 마음이 아니겠는가!

다시 한번 결론을 내리면 주식을 살 때는 많이 생각하고 남에게 묻고 스스로도 예측해도 좋다. 그러나 주식을 팔 때는 이런 짓을 하면 절대 안 된다. 예측이란 실은 예측이 아니다. 미래를 방해하여 기회를 날려버리는 행위일 뿐이다. 운이란 한 번 좋아본 사람에게 다시 찾아온다. 주식에서는 돈을 많이 벌었다는 것이 중요하지 않다. 아무리 적은 돈이라도 벌어본 적이 있느냐가 중요하다. 한 번이면 족하다. 그로써 운이 좋아지게 되는 것이다. 자연스럽게 이기는 습관이 중요하다. 신통한 판단력으로 이긴 사람은 반드시 그 이상 무너지게 되어있다. 불확정성원리를 피해갈 수 없기 때문이다. 그러나 무심히 행동하면 기적이 일어난다. 이유없이 왠지 잘되는 것이다. 이것이 바로 기회를 잡는 방법이다.

# 운도 당신처럼
# 변덕이 심하다.

**인생에 있어서 시기를 포착한다는 것이 중요하다는 것은 더 말할 나위가 없다.** 이는 천지인 삼재의 천(天)에 해당되는 바 모든 것이 갖추어졌다고 해도 시점을 고려해야 한다는 것을 가르치고 있다. 그런데 이런 시기를 포착하기가 매우 어렵기 때문에 지금까지 계속 논의하는 중이다. 여기서 생각해보자. 시기, 기회 등은 도대체 어디에 있는가? 사람의 실력은 그 사람 자신에게 있다. 자본은 이미 소유하고 있거나 은행 등에서 끌어올 수 있다. 하지만 시기는 어딘가에서 끌어오는 것이 아니기 때문에 종잡을 수 없다. 시기가 어디있느냐는 질문은 바로 이런 뜻이다. 이것은 실은 어디에 있는 것이 아니라 시간중에 있는 것인데 저 멀리 있거나 바로 앞에 있다. 요점은 시기라는 것은 만들어낼 수 없고 그때를 기다려야 한다는 것이다.

예를 들어 농사를 짓는데 봄을 만들어 낼 수 있는가? 기다려야 할 뿐이다. 물론 때를 기다리기 위해 장소와 목표도 있어야 한다. 그러나 결국은 기다림에 의해 기회를 포착할 수 있는 법이다. 당연한 얘기이다. 하지만 막연히 기다리기만 한다고 기회가 나타나는가? 그리고 기회가 나타났다 하더라도 어떻게 알 수 있는가? 이 문제는 여러 가지 상황을 고려해야 한다. 우선 본인에게 좋았던 시절이 있었는가를 따져보자. 그때가 언제였나? 가장 먼저 따질 것은 계절이다. 추울 때였나? 아니면 더울 때였나? 내 자신의 경우를 보면 지난 수십 년간 여름에 대체로 나쁜 일이 많았다. 겨울에는 좋은 일이 많이 있었던 것이다. 이는 내 운명의 특징이었다. 이런 특징은 누구에게나 있다. 어떤 사람은 직장에서 별 좋은 일이 없었다. 대우를 제대로 못받거나 자주 직장을 바꿔야 했다. 이런 사람은 직장생활을 관두고 독립된 일을 찾아야 한다. 주역으로 말하면 이런 사람은 수지비(䷇ : 水地比)라고 하는데 개인적인 일에 성공을 거둔다는 뜻이다. 직장이나 동업은 부적절하다. 나의 경우에는 추운 계절에 일을 도모하여 성공한 사례가 많았다. 여름엔 사업 같은 것은 엄두도 내지 못했다. 굳이 이유를 따져 보지는 않았다. 그저 나쁜 시절이 있다는 것뿐이다.

운명은 시류에 따라 변하는 것이므로 계절을 잘 따져봐야 한다.

일년은 사계절인 바 사람에게는 누구나 이와 관련된 특징이 있다. 어느 계절이 자기에게 잘 맞는가는 스스로 따져봐야 한다. 봄이나 여름이 맞는 사람은 취직을 해서 젊은 날이 순탄하다. 가을이나 겨울이 맞는 사람은 나이들어 갈수록 기회가 많아진다. 이는 자신의 운명특징이 음이냐 양이냐를 따지는 요소가 된다. 육체의 특징을 뜻하는 것이 아니다. 마음 또는 영혼의 특징을 얘기하는 것인데 크게 나누면 음양으로 나뉘고 조금 세분하면 4상 즉 사계절에 대비되는 특징으로 나누는 것이다. 더욱더 세분하면 8괘에 이르는데 이는 다소 전문적인 지식이 필요하다. 요점은 운명의 특징을 따져봐야 한다는 것이다. 지난날을 돌아보면 어떤 때에 좋았는지 나빴는지를 알 수 있다.

대체로 순탄했던 사람은 그냥 그대로 살면 된다. 이런 사람에게는 딱히 좋은 기회라는 것이 없다. 사계절이 다 좋은 사람인 것이다. 물론 이런 사람이 운명이 좋다는 뜻은 아니다. 순탄하다는 것은 크게 잘못된 일도 없지만 크게 잘 될일도 없다는 뜻이니 일생이 재미없을 수도 있다. 물론 이런 인생을 좋아하는 사람이 있겠지만 크게 되려면 실은 파란만장을 겪어야 한다. 그리고 실패가 많았던 사람은 기회가 많은 법이다. 주역의 괘상으로 얘기하면 수뢰준(☵☳: 水雷屯)에 해당되는데 이는 기회가 많다는 뜻이다. 옛 성인은 이 괘상에 대해 크게 인생을 계획하라고 가르쳤다. 인생은 한가하면 기회는 사라지고 언젠가 액운이 도래하게 되어있다. 반면 실패가 많았는데 아직 좌절하지 않고 살아남았다면 이는 머지않아 기회가 찾아온다는 뜻이다. 다만 현재 기력이 남아 있어야 한다. 여기서 기력이란 정신력, 의욕 등을 말하는데 육체의 힘은 최소한이라도 있으면 된다.

파란만장한 인생은 영혼이 그동안 아주 바쁘고 고달팠을 것이다. 이런 영혼은 반드시 기회를 잡는 법이다. 영혼이 강하고 실패를 감지하는 능력이 생겼기 때문이다. 그리고 시류라는 것은 독립하여 제멋대로 흐르는 것이 아니다. 개인을 둘러싸고 있는 이것은 영혼과 감응하여 시류의 모양을 형성하는 것이다. 다시 말해 우리의 영혼은 운명을 불러들이기도 하고 쫓아내기도 한다는 뜻이다. 옛 성인이 말했다. 나아가서도 다투지 않고 물러나서도 양보하지 않는다……라고. 이는 영혼이 시류에 감응할 뿐 지나치게 무엇인가를 만들려고 하지 않아야 한다는 것이다. 시류, 즉 운명은 정조준하면 오히려 도망가는 성질이 있다. 이것이 바로 불확정성원리가 작용하는 경우다. 자연의 법칙은 물질이나 사물에 공통적으로 작용한다. 운명은 미신이라고 치부해서는 안 된다. 운명의 기회는 기다리지만 기다리지 않아야 한다.(?) 이를 일컬어 천지와 흐름을 함께 한다고 말한다.

# 노력없이도
# 운은 찾아올까?

**내가 어렸을적 얘기이다.** 나에게는 삼촌이 한 분 계셨는데 그분
은 음악인으로서 당시에는 꽤나 유명했던 분이다. 작곡과 연주 등
대단한 실력이 있었고 배우겠다고 따르는 사람도 많았다. 삼촌의
취미는 낚시였는데 완전히 광적인 수준이었다. 물가에 가서 밤을
세우는 일은 보통이고 아주 이른 새벽에 깊은 산속 저수지도 찾아
다녔다. 나는 당시 아주 어려서 취미라고 할만한 것도 없었지만 종
종 삼촌을 따라다녔다. 삼촌이 작곡을 한다며 이상한 그림(악보)을
그리는 것이 신기했고 낚시하는 모습은 좀더 재미있었다. 어느 날
이었다. 삼촌은 여느 때처럼 낚시를 나갔는데 그날은 잉어를 꼭 잡
아야 한다는 것이었다. 친지로부터 잉어를 부탁받았던 것이다. 삼
촌은 낚시를 가면서 내게 함께 가겠느냐고 물었고 나는 신이 났다.
당시 나는 물에서 고기를 척척 건져 올리는 것이 대단한 능력으로 보였다. 기실 삼촌은 동네에서 가장 낚시를 잘하는 사람으로 정평이 나 있었다.

　나는 삼촌을 따라 한강에 나갔는데 거기에 자그마한 나룻배가 놓여있었다. 그 배에서 낚시를 한다는 것이있다. 나와 삼촌은 그 배를 타고 한강 한가운데로 나갔다. 전에 없던 일이었다. 보통은 물가에 낚시를 드리우고 기다리는 것이었는데 오늘은 좀 더 적극적으로 나선 듯 보였다. 그런데 오늘 낚시는 상당히 특이했다. 낚시에 미끼가 없었던 것이다. 그리고 낚시바늘도 평소보다 상당히 컸다. 이것으로 어떻게 고기를 잡나?하고 나는 신기하게 생각하고 있었다. 삼촌은 물에다 낚싯대를 드리우고 잡아채는 동작을 반복했다. 한손으로는 배를 저어 강물따라 배가 떠내려가지 않도록 열심히 저었다. 양손이 모두 쉴 사이가 없었다. 게다가 어린아이를 배에 태웠기 때문에 더욱 조심스러웠다. 그러나 삼촌은 태평했다. 나는 끊임없이 낚싯대를 휘젓는 것을 보고 저렇게 해서 과연 고기가 잡힐까하고 의심했다.

　강은 넓고 고기는 가끔 지나다니는데 낚싯대를 휘저어 거기에 지나가던 고기가 걸리는 것은 가능성이 아주 희박해보였다. 그러나 삼촌은 아무 생각없이 열심히 낚싯대를 휘저었는데 나는 속으로 막연한 느낌이 들었다. 어느 세월에 고기가 지나가다가 낚시바늘에 채이게 될까? 순간 삼촌이 어리석어 보이기도 했다. 그러나 삼촌은 두 시간 동안 그 동작을 반복했다. 팔이 아프지 않을까? 한 손은 노를 젓고 한 손으로는 낚시줄을 당기면서 배의 균형도 잡아야 하니 상당히 힘들었을 것이다. 그러나 삼촌은 의연했다. 그러다가 물살에 변화가 생겼다. 낚시바늘이 강속 어딘가에 걸린 것이다. 삼촌은 즉각 물속으로 뛰어들었다. 그리고는 해녀처럼 물속으로 깊게 잠수했다. 5분 정도 후에 나타난 삼촌은 강바닥의 물풀에 걸린 낚시바늘을 찾아왔다. 그리고는 아무일 없다는 듯 다시 같은 동작을 이어갔다.

그리고 마침내 개가를 올렸다. 큼직한 잉어가 낚시바늘에 끼어 올라온 것이다. 삼촌은 이것을 빼서 그물속에 가두어놓고 또다시 휘젓는 것이었다. 그로부터 한 시간 후 잉어 한 마리가 또 잡혔다. 한강에 배를 띄운지 네 시간만에 잉어 두 마리를 잡은 것이다. 삼촌은 내가 배가 고플 것이라면서 일을 접었다. 삼촌은 다른 날에도 밤을 세워 이런 식으로 고기를 잡아왔다. 잉어는 아주 컸고 삼촌은 싱글벙글이었다. 잉어는 동네 어느 집 제사상에도 오르게 되었다. 나는 당시에는 몰랐지만 세월이 지나면서 그날일에 큰 감명을 받았다. 기회를 잡기 위해서는 저토록 노력해야 하는 것이고, 그러다 보면 우연히 찾아온다는 것을 깨달았기 때문이었다. 그리고 그 실날 같은 기회를 기다리면서 계속 노력하는 것이 대단하게 느껴졌다.

　여기서 생각해보자. 기회가 그런 것이라면 이것은 완전히 우연 일텐데 사람이 딱히 할 일이 무엇이란 말인가? 오로지 우연 그리고 또 우연일 뿐이다. 이래서는 어떻게 기회를 잡을 것인가? 심각한 문제이다. 그러나 그게 아니다. 기회라는 것은 겉모습만 그럴 뿐이기 때문이다. 실은 우연이란 것이 내게 찾아오게 하는 방법이 있는 것이다. 세계적인 일류 도박사들은 말한다. 포커게임에서 필요한 카드가 올라오는 것은 과학적으로는 우연이고 확률일 뿐이지만 매번 특정인이 그 행운을 누리는 것은 어떻게 설명할 것인가? 그것은 분명 우연을 잡아내는 사람이 있다는 것이고 그런 사람을 일컬어 일류 도박사라고 말한다는 것이다. 우연을 잡아내는 사람은 실력 이상의 성과를 이루어낸다. 삼촌은 긴긴 세월 낚시를 가면 거의 매번 큰 고기를 잡아온다. 한강에 고기가 많아서가 아니다. 삼촌은 그런 사람이었을 뿐이다. 이 문제는 다음 장으로 이어가자.

# 운은 필연일까?
# 말그대도 우연일 뿐일까?

**다시 낚시이야기이다.** 어린시절 내가 살던 동네에는 P라는 사람이 있었다. 이 사람은 우리 삼촌에게 음악을 배우는 제자였고 낚시광으로 대단한 실력자였다. 삼촌과 취미가 같고 실력도 좋아서 한 강변에 많은 사람이 그를 알고 있었다. 음악인으로서가 아니라 낚시꾼으로 말이다. 그도 역시 나룻배를 타고 강 한가운데로 나아가는데 알고 보니 나룻배는 P와 삼촌의 공동소유였다. 나는 P와 함께 낚시를 나아가 본 적은 없지만 그가 우리집에 잉어를 가지고 오는 것을 여러 번 봤다. 그는 잉어 두 마리를 가지고 와서 한 마리를 다시 가져갔다. 요리를 해서 말이다. 나의 모친은 잉어찜을 잘했는게 P는 두 마리중 한 마리를 요리비용(?)으로 바치고 한 마리는 찜을 만들어 가져갔다.

어느 날 나는 그와 얘기를 할 기회를 가졌다.

"아저씨 낚시 잘해요?"

"응 잘해. 그러니까 매번 잉어를 잡아오잖아!⋯⋯"

"우리 삼촌보다 잘해요?"

내가 궁금했던 것은 이것이었다. 삼촌이나 P 둘다 낚시를 다 잘한다고 하니 누가 더 잘하느냐를 묻고 싶었던 것이다. 그는 잠시 웃고는 심각한 표정이 되었다. 그리고는 농담이 아닌 진지한 음성으로 말을 시작한 것이다.

"애야, 나도 낚시는 잘하지만 너의 삼촌에 비하면 실력이 한참 모자라. 나는 한강에서 두 번째로 낚시를 잘하지만 삼촌은 최고야. 알겠니?"

나는 이 말을 듣고 의아했다. 두 사람 모두 강 한가운데 가서 마냥 낚싯대만 휘졌다가 걸리면 잡고 안 걸리면 못 잡는 것이지 여기에 실력이란 것이 어째서 필요할까? 그래서 나는 진지하게 물었다.

"아저씨. 실력이 무슨 필요있어요? 낚싯대 휘젓는 것만 알면 되잖아요. 똑같지 않나요?"

이 말에 P는 잠깐 미소를 짓고는 고개를 가로 저었다. 그리고는 더욱 심각하게 대답했다.

"애야. 낚시는 실력이 필요해. 고기가 아무한테나 잡히는 것이 아니야!"

"네? 그게 무슨 말이에요? 휘젓는 실력말인가요?"

나는 이렇게 말하면서 P가 공연히 실력운운하는 것처럼 생각하고 있었다. 그러나 P는 사뭇 진지했다. 그리고 한마디……

"너는 알 수 없을 거야. 고기는 우연히 잡히는 게 아니야. 너의 삼촌같은 사람에게는 고기가 따라와서 잡히는 거야. 나는 아직 그만한 실력이 못돼."

대화는 이렇게 끝났다. 하지만 그날 대화는 수 십년이 지나도록 기억하고 있다. 고기가 따라와서 잡혀준다는 것, 이는 재밌고 신비로웠다. 나는 당시 그 뜻을 알 듯 모를 듯 했다. 지금은 그 내용을 깊게 깨닫고 있는 중이다. 나는 주역전문가로서 운이 어떻게 발생하고 어떻게 기회를 잡게 되는지를 확실히 알고 있다. 운이란 바로 그런 것이다. 결코 우연의 일치가 아니다. 세계적인 정신분석학자 칼 융은 이를 동시성이라고 불렀다. 이 개념은 매우 신비한데 간단히 설명하자면 낚시를 잘하는 사람이 잡는 것과 고기가 잡히는 것은 서로 그렇게 되도록 예정되어 있다는 뜻이다. 어떤 사람이 높은 경지에 이르게 되면 현상을 끌어오는 신통력이 생긴다는 뜻이다. 우리 삼촌이 바로 그런 사람이었다. 삼촌은 한강에 나가서 그냥 고기를 가져오는 것으로 생각했다. 잡는 게 아니라 고기가 와서 잡혀주는 것이다. 운명의 기회도 이와 다르지 않다. 주식이든 사업이든 기회는 그런 사람에게 찾아오는 법이다. 우리도 이런 사람이 되어야 한다. 기회란 애써 기다려도 소용없다. 물론 우연의 일치라는 것도 있기는 하지만 진정 기회를 잡는 사람은 우연에 의존하지 않는다. 그저 기회를 잡을 뿐이다.

# 시간은
# 왜 흐르는가?

**20세기 최고의 수학자 힐베르트는 미래의 일에 대해 칼 융의 동시성과는 다른 표현을 했다.** 깊은 맥락에서 보면 같은 뜻이다. 힐베르트는 자연계에서 일어나는 수많은 사건을 예정조화(harmonie preetabilie)라고 불렀다. 미래의 일은 예정되어 있고 또한 그것은 그렇게 될 이유, 즉 조화라는 것이다. 조화라는 것은 무수히 많은 원인들이 서로 절충되어 최종적으로 주어진 결과를 만들어낸다는 것인바 바로 운명의 모습을 얘기하고 있다. 그러나 운명은 기차레일처럼 한 줄로 이어진 것이 아니다. 자연의 현상, 즉 미래는 여러 원인이 겹쳐서 일어나는 것이다. 그래서 이를 다원인 결과라고 말하기도 한다. 하지만 다 같은 내용이다. 동시성이든 예정조화이든 다원인 결과이든 모두 운명의 모습일 뿐이다. 다만 여기에는 인간이 절대요소로 자리잡고 있다는 것이다. 운명에 인간이 관여한다는 뜻이다. 이것을 심도있게 살펴보자.

오늘날 최첨단 과학인 양자역학에서는 자연계에서 인간의 역할을 밝혀놓았다. 우선 생각해볼 것은 우주가 왜 있느냐이다. 이것은 철학적인 질문이 아니다. 과학적 문제이다. 매우 어려운 문제이므로 결론만 소개하자. 우주는 스스로 있는 것이 아니라 인간이 바라보니까 있다는 것이다. 이 무슨 얘기인가? 액면 그대로이다. 우주는 인간이 바라보지 않으면 없다는 뜻이다. 이런 결론에 대해 어떤 과학자들은 이것은 종교입니까 과학입니까 하고 묻기도 한다. 그러나 이는 엄연한 과학이다. 양자역학에서 도출된 결론인데 아인슈타인도 처음엔 어리둥절했다. 그리고 빈정댔다. 저 달이 그저 있는 것이지 내가 바라본다고 있는 것이냐……라고. 그러나 나중에는 아인슈타인도 수긍했다. 우주는 실제로 인간이 바라보기 때문에 있는 것이다. 이 문제가 납득이 되지 않으면 양자역학을 설명한 책을 참조하면 된다. 이런 원리를 양자역학에서는 인간중심원리라고 부르는데 이는 인간의 독단이 아니라 인간의 관찰에 의해 우주가 존재한다는 뜻이다.

어쨌건 이 원리를 마음에 간직하고 이어가자. 이제 우주의 미래를 보자. 이것은 인간이 생각하고 관찰하기 때문에 존재하는 것이다. 인간이 없으면 우주도 없고 시간도 없다. 시간이란 인간이 있어서 흐른다는 뜻이다. 기묘한 이론이기는 하지만 최첨단 과학의 결론이다. 자, 여기서 생각하자. 운명의 기회란 어떻게 나타나는가? 이 질문은 시간이 왜 존재하느냐와 완전히 같은 질문이다. 답은 이렇다. 운명은 인간이 생각하므로 있는 것이다. 더 자세히 얘기하면 인간이 미래를 이끌어낸다는 뜻이다. 물론 여기서 인간의 미래를 이끌어낸다는 뜻이다. 물론 여기서 인간의 미래를 이끌어 낸다는 것은 몸이 그렇게 한다는 것이 아니다. 인간의 정신 또는 영혼이 그렇게 한다는 의미이다.

인간중심의 원리란 실은 인간 또는 의식있는 존재가 우주를 바라보면 그 순간 실제 현상이 일어난다는 원리를 말한다. 이 정도로 알고 이것을 우리의 운명에 적용해보자. 만일 우리가 미래를 상정하지 않으면 미래는 어디로 갈지 알 수 없다. 막연히 확률로만 존재할 뿐이다. 그러나 우리가 미래를 의식하면 미래는 그렇게 되는 경향이 발생하는 것이다. 물론 그렇다고 미래가 우리의 마음이 명령한다고 정확히 그렇게 된다는 뜻은 아니다. 다만 인간의 정신에 의해 미래는 그쪽으로 끌리는 경향이 있다는 것뿐이다. 그렇기 때문에 우리는 미래를 막연히 기다릴 것이 아니라 우리의 뜻대로 미래가 이끌려지도록 정신력을 발휘해야 한다. 미래를 항상 그려보라는

뜻으로 이해하면 된다. 다만 미래를 그리려면 그럴듯하게 지어내야
한다. 너무 터무니없으면 우주는 받아들일 수 없다.

　앞서 나의 삼촌이 낚시를 할 때 고기를 끌어당기는 의식을 강물
에 방출했는데 이 정도는 누구라도 올바른 방법과 그에 합당한 노
력을 기울인다면 의식으로 끌어낼 수 있을 것이다. 이는 미래를 만
들어내는 기술에 해당되는데 뒤에 가서 그 방법을 좀 더 구체화시
키겠다. 이 장에서는 우주나 시간은 인간의 정신과 깊게 관련이 있
다는 것을 인식하면 된다.

　　전 장에서 운명의 기회는 내가 완전히 창조해내는 것이 아니라 기회가 나를 찾아온다는 얘기를 했다. 그렇기는 하지만 기회가 내가 잠든 사이에 찾아오는 것은 아니고 찾아올 이유도 없는데 찾아오는 것도 아니다. 어느 징조는 노력해야 한다. 낚시로 예를 들자면 강가에 부지런히 나아가야 하고 장비도 준비해야 한다. 평소 낚시에 대한 열정도 있어야 한다. 이 모든 행위는 기회의 장소로 점점 다가선다는 뜻이다. 우리 속담에 하늘을 봐야 별을 따지⋯⋯라는 말이 있다. 기회를 포착하는 사람은 현장에 다가선다.

　　여기까지는 누구나 알고 있는 내용일 것이다. 다만 이제부터가 중요하다. 연구와 노력을 정독한 다음 기회의 순간이 다가왔다고 하자. 이럴 때 어떻게 해야하는가? 용감하게 달려들어야 하는가?

146

아니면 깊게 생각해야 하는가? 답은 둘다 아니다. 기회를 잡는 핵심론이므로 차분히 읽어가자. 먼저 답을 얘기하자면 태평하게 늦춰야 한다. 지금 현재 눈앞에 기회가 보이는데 늦추라는 것은 무슨 말인가? 이제 숨을 고르고 일단 사방을 둘러보라는 뜻이다. 눈앞에 와 있는 현실이 기회인지 아니면 파탄인지를 판단하기 위해서이다. 여기까지 온 것은 노력과 생각의 결실일 것이다. 그러나 아직 운이 좋게 전개될지는 장담할 수 없기 때문이다. 이제부터는 운이 중요한 것이다. 이에 대해 사자성어가 있다. 천려일실(千慮一失) 천 번 생각했지만 한 가지를 놓쳤다는 뜻이다. 이는 운에 대한 조심성을 강조한 말이다. 다 된 밥에 재뿌린다는 말도 있는데 이 또한 운을 조심하란 뜻이다.

그렇다면 어떻게 운을 알 수 있는가? 이제 문턱에 와 있으니 육감이라는 것을 사용할 때가 된 것이다. 그동안 누차 강조해온 몸의 느낌과 징조이다. 사업을 구상해 놓고 마음이 줄곧 편안하고 건강이 유지되고 있다면 좋은 것이다. 주변의 자잘한 일들이 잘 풀리느냐도 감안해야 한다. 가족의 반대가 있거나 이웃과 심한 다툼이 있었다면 이는 좋지 않은 징조이다. 아이가 아프거나 마침 집안 어른이 병환이 생겼다면 이 또한 불길하다. 사업자금을 구하는데 순탄한가도 중요하다. 억지로 무리해가면서 자금을 조달했다면 이는 무조건 실패의 징조이다. 사업이란 실패했을 때 돈의 손실만 괴로운 것이 아니다. 세월 낭비가 정말 괴로운 것이다. 나이가 많은 상태에서 실패를 하게 되면 이로써 인생 전체가 무너질 수 있다. 조금 덜 성공하더라도 극단적 파탄을 막아야 한다. 세상살기가 참 어렵다. 하지만 이렇게라도 살아가야 하는 것이 우리의 인생이다. 의욕은 좋다. 그러나 운을 무시하면 의욕자체가 망하는 단초가 된다. 나 자신을 보면 100번 정도 의욕을 앞세우다가 모두 실패했다. 이로써 건강도 상했던 것이다. 실패가 무섭다는 것을 절실히 깨달아야 한다. 다시 일어서면 되지 뭐…… 이런 생각을 한다면 반드시 실패하는 법이다.

자, 그럼 운을 일으키는 최종 이론을 소개하자. 앞서 불확정성원리를 공부한 바 있을 것이다. 이것을 염두에 두고 현재를 판단하자. 지금 모든 것을 갖춘 상황이다. 이제는 운만 남은 것이다. 이런 상황은 먼 옛날 제갈공명도 맞이한 적이 있었다. 적벽대전이라고 일컬어지는 거대한 전투였는데 제갈공명은 오나라와 손잡고 조조를 물리치고자 했던 것이다. 작전은 대규모로 치밀하게 준비되었다. 단지 동남풍이 필요했다. 바람이란 예측하기 어려운 일이다. 그러나 이것을 예측해야만 했던 것이다. 당시 작전은 화공이었는데 동남풍이 필요했다. 그 전투는 때마침 동남풍이 불어와서 대승을 거둘 수 있었다. 사업이란 크게 준비해 놓고 사소한 운에 의해 승패가

엇갈리는 경우가 아주 흔하다.

　불확정성원리와 운을 얘기하자. 이 원리를 요약하면 자세히 보면 답을 알 수 없다는 자연의 절대원리를 표현하고 있다. 이것은 가까이 다가가면 오히려 모르게 된다는 뜻이다. 이 때문에 미래를 보기 위해 정밀하게 어떤 부분을 압축하면 미래는 모호해진다. 기회라는 것도 확실히 잡고자하면 오히려 불확실성이 증가한다는 것이다. 이는 모든 자연현상에 운이라는 것이 개입한다는 것에 다름 아니다. 운이라는 것을 자연과학적으로 전부 설명되기가 모호하다는 뜻이다. 다른 말로 결론은 봐야 안다는 의미가 된다. 그렇기 때문에 세상의 모든 일은 운을 무시할 수는 없는 법이다. 99% 확실해도 이는 미래가 보장될 수가 없다. 나머지 1%는 얼마든지 발생할 수 있기 때문이다. 그래서 미래는 운이라고 말하고 또한 이는 확실히 알 수는 없다고 말하는 것이다. 우리 인간이 사업을 할 때에도 마찬가지이다. 이런 이유 때문에 마지막 순간에는 운을 느끼는 시간이 필요한 것이다. 왠지 운이 풀리는 것 같다는 느낌이 들어야 한다는 것이다.

　적벽대전의 경우 제갈공명도 미래를 확신할 수 없었다. 그는 단지 그 지역이 원래 동남풍은 잘 불지 않는 곳이지만 가끔은 드물게 동남풍이 분다는 것을 알고 있었다. 그래서 그것을 기다렸을 뿐이다. 그야말로 운을 기다린 것이다. 자잘한 일에 이토록 너무 따질 필요는 없겠지만 일생일대의 중요 사업의 순간이라면 모든 것을 철저히 계산해 놓고도 운의 낌새를 살펴야 한다는 것이다. 그래서 공자는 운이 두렵다고 가르쳤다. 미래를 확신하는 것은 일종의 오만이고 또한 어리석음이다. 운을 기다리거나 조심하는 것은 겸손이다. 기회란 겸손한 사람에게 많이 찾아오는 법이다. 옛말에 다 와서 문턱에서 넘어진다고 한 것은 운의 돌발성을 경계한 것이다.

# 모든 것에
# 운이 따를 수는 없다.

**일본의 어떤 마작명인은 이렇게 말했다.** 마작에 있어서 진정한 실력자는 운을 끌어오는 실력이 있는 자라고…… 마작을 잘 모르는 독자를 위해 이것을 잠깐 설명하고 넘어가자. 마작은 패를 한 개씩 가지고 와서 어떤 틀을 맞추는 것인데 주어진 조각을 가지고 틀을 잘 맞추는 것이 실력이라 할 수 있다. 그러나 마작은 최후의 한 개를 떠올려야 하는데 이것은 무작위로 섞어 놓은 많은 조각중에서 집어오는 것이라서 완전히 운에 해당된다. 이것과 달리 바둑이나 장기는 제자리에 놓는 것에 의해 승패가 정해지는 것이므로 이는 완전히 실력에 기인하는 것이다. 그런데 마작은 마지막 한 개를 떠올리지 못하면 지는 것이다. 운이라는 얘기이다. 그럼에도 불구하고 마작의 고수가 되려면 그 운마저 끌어오는 능력이 있어야 한다는 것이다.

포커의 명인들도 같은 얘기를 하고 있다. 그리고 그들은 실제로 게임의 중요한 순간에 좋은 카드가 알맞게 주어지는 것이다. 운이 좋다는 뜻인데 이기는 사람, 즉 운이 항상 좋은 것이다. 무작위로 추출한 카드에서 필요한 것이 딱 나타나는 것은 완전히 운이다. 하지만 최고의 카드명인들은 큰 돈이 걸린 순간 그러한 운마저 끌어와 언제나 이기는 것이다. 우리나라의 포커명인 차민수도 그러한 사람이다. 나는 여러 종류의 게임에 운 좋은 사람을 실제로 많이 목격했다. 그들은 이상하게도 필요한 순간에 운이 좋아서 게임이 끝날 때 쯤은 결국 승리로 끝을 맺는다. 운이 좋아서가 아니라 언제나 운을 끌어오기 때문이다.

운명에 있어서 기회를 포착한다는 것은 그 자체가 운이 좋다는 뜻이지만 딱히 그런 종류의 사람이 있다는 것이다. 어쩌다 운이 좋은 것이 아니라 반드시 운이 좋았던 것이다. 여기서 길게 이런 얘기를 하는 것은 그런 사람이 되어야 한다는 것을 강조하고 싶기 때문이다. 그렇다면 그런 사람이 되는 방법이 있기는 한가? 있다! 있으니까 길게 얘기한 것이다. 우선은 무엇을 얘기하는 중인가를 확실하게 파악해야 하는 것이다. 다시 말하지만 운 좋은 사람이 되라는 것뿐이다. 난해한 문제이다. 하지만 방법은 확실히 있고 나 자신도 그런 사람이 되도록 50년간이나 노력해 왔다. 그리고 지금은 상당히 그런 사람이 되어 있다. 운이 저절로 찾아오고 결정의 순간 마치 하늘의 계시라도 받은 것처럼 운이 굴러왔던 것이다. 어떤 사람은 항상 기회를 놓치며 살아간다. 제 딴에는 열심히 정보를 모으고 자문을 구하고 깊게 연구도 하지만 그런 사람은 항상 실패하고 마는 것이다. 실력은 있지만 운이 없기 때문임은 당연하다.

운이 좋은 사람이 되어 기회를 잡아야 한다는 것은 앞에서 내내 얘기해온 것이다. 여기서 다시 한번 논의하자. 낚시의 달인인 우리 삼촌 얘기를 잠깐 되돌아보자. 삼촌은 어느 날 동네아저씨와 산속에 있는 연못을 찾아 함께 낚시를 간적이 있었다. 그때 그들은 나란히 앉아 낚시를 했는데 거리는 3미터 남짓이었다. 삼촌은 계속해서 고기를 낚아 올렸는데 일행인 아저씨는 웬일인지 한 마리도 잡지 못했다. 이에 아저씨는 자리를 한번 바꿔보자고 제안했다. 삼촌의 자리가 좋다고 생각한 모양이다. 불과 3미터 차이인데 말이다. 삼촌은 웃으면서 자리를 바꿔주었다. 그리고 낚시는 계속되었다. 그런데 이게 무슨일인가? 삼촌은 또다시 고기를 잡아올렸고 아저씨는 허탕을 쳤다. 신기한 일이었다! 물고기는 삼촌의 낚싯대를 쫓아다녔다. 사실 그랬을 것이다. 필경 삼촌의 영혼은 신통을 발휘해서 지나가는 고기를 끌여들였을 것이다! 단순히 말하면 그날 삼촌의 운을 좋았다고 할 수도 있다. 하지만 아저씨는 그런 광경을 종종 봐왔다고 말했다.

어찌된 일일까? 여기에 운명의 기회를 잡는 비밀이 숨겨져 있는 것이다. 먼저 알아두어야 할 것은 삼촌은 낚시 외에 다른 일엔 운이 좋은 사람은 아니었다. 가정불화가 심해 이혼에 이르게 되었고 많은 사람으로부터 사기를 당하고 심지어는 집에 도둑도 들었다. 사업은 번번히 실패했다. 삼촌은 이런 사람이었다. 그런데 낚시터에만 가면 신통력(?)이 발동했다. 이유가 있다. 삼촌은 평소 낚시 관련된 모든 일에 열정을 쏟았다. 낚싯대도 스스로 만들고 낚시바늘도 스스로 만든다. 낚싯밥은 특정된 곳에 나가 구해온다. 그리고 어떤 사람이 낚시 얘기를 하면 심각하게 들으며 더 배울 것이 있는지 생각해본다. 삼촌이 가끔 꿈 얘기를 하는데 그 꿈속에서 늘 고기를 잡아올렸다고 한다. 삼촌은 월척 정도는 쉽게 잡아왔다. 그리고 낚시 장소를 정할 때에도 신중에 신중을 거듭하고 낚시를 가는 날에는 일찍 일어나 점검하고 기후도 살피는 등 정성을 다했다. 오랜 세월 이렇게 하다보니 아예 낚시에 신들린 사람(?)이 된 것이다. 당연히 물고기를 끌어모으는 신통력도 생겼을 것이다.

옛말에 지성이면 감천이란 말이 있다. 즉 어떤 일에 정성이 임계량에 도달하면 하늘도 이를 돕는 법이다. 무엇보다도 운의 기회를 잡고자 하는 사람은 자신이 하고자 하는 사업을 사랑해야 하고 경건한 마음으로 최선의 준비를 해야 한다. 그러면 반드시 운을 잡을 수 있다. 이것이 운명을 지배하는 법이다.

**50대 초반인 송씨는 건강하고 성실한 사람이다.** 총명하지는 않았지만 바보는 아니고 세상사에 대해 나름 식견도 좀 있는 편이다. 그는 새로 사업을 시작했고 2년 가까이 유지하다가 완전히 망했다. 큰 돈을 손해본 것은 아니지만 세월을 2년이나 낭비하게 된 것은 큰 손실이 아닐 수 없었다. 그는 열심히 했지만 운이 나빴다. 결국은 약간의 돈과 2년을 탕진했는데 만일 그가 사업을 하지 않았다면 이 기간 동안 다른 일을 할 수도 있었고 그도 아니라면 이것저것 다른 생각을 하면서 지낼 수 있었을 것이다. 하지만 송씨는 특정 사업에 열심히 매달리는 바람에 다른 생각할 여유도 없었고 오로지 한 가지 일에 갇혀 있는 셈이 되었다.

50대 초반이라면 인생에 있어서 성공이 절실히 필요한 때인데 이런 소중한 시절에 실패를 겪었다. 이제는 50대 중반이 되었던 바 그만큼 절실함이 더욱 가중된 것이다. 그러나 송씨는 기가 꺾이지 않았다. 그는 원래 그런 사람이다. 매사에 낙관적이고 인내심이 강하다. 그는 사업실패 직후 이렇게 말했다.

"뭐 어때, 사업이란 실패할 수도 있는 거잖아? 나는 후회 안해. 다시 일어서면 되지!……"

투지는 참 좋다. 그러나 송씨는 운명을 대하는 태도에 문제가 좀 있었다. 그는 운명이란 것을 아예 믿지 않는다. 열심히 하면 성공하게 되는 것이라고…… 그는 최선을 다했지만 실패했다. 그리고는 후회하지 않는다고 말하는 것이다. 무엇을 후회하지 않는다는 말인가? 그가 운명을 믿거나 말거나 그는 실패했다. 이것이 바로 운명인 것이다. 그런데도 후회하지 않는다고 말한다.

이런 사람은 실패해도 책임을 지지 않고 운명에 대해서도 후회하지 않는다. 이는 책임감도 없고 하늘에 대해서도 오만하기 그지 없는 사람이다. 실패를 했으면 마땅히 책임을 져야한다. 이는 가족과 자기 자신에 대한 최소한의 예의다. 후회하지 않는다는 말은 아무 때나 쓰는 게 아니다. 가족을 위해, 친구를 위해, 그리고 조직을 위해 자신이 희생했다면 이는 그 자체로 이미 보람있는 일이어서 후회가 없을 수도 있다. 그러나 이럴 경우라도 운명적 책임은 자신에게 있는 것이다.

어려운 얘기는 그만하자. 후회하지 않는 사람에 대해서만 집중하자. 이런 사람은 앞날에 또 다른 실패가 예고되어 있다. 또다시 실패해도 후회하지 않겠다는 것인가? 실패하고 나서 후회하는 것은 반성의 의미가 있고 자신의 잘못을 인정한다는 뜻이다. 그것이 실력이든 운명이든 말이다. 후회라는 것은 그런 상황을 다시 만들지 않겠다는 뜻이므로 이 자체가 미래에 대해 대비책이 된다. 실패를 겪은 뒤에는 반드시 그 원인을 면밀히 돌아보아야 한다. 그렇게 함으로써 책임감이 늘어나고 미래에 대한 조심성도 생기게 된다. 실패하고도 태평한 사람은 미래의 운명마저도 포기한 사람이다. 운명에 있어서 기회가 생기는 것은 다름 아니다. 바로 잘못에 반성해야 하는 것이다.

나는 많은 일에 후회하고 반성하며 지낸다. 생각해보면 너무나 많은 후회할 일을 했던 것이다. 반성을 하고 또 한다. 다시 그 시절이 돌아온다면 이제 좀 더 신중하고 겸손할 것이라고…… 끝까지 자신의 잘못을 인정하지 않는 사람은 하늘에 죄를 짓고 있는 중인 것이다. 그리고 이런 사람은 미래의 기회마저 대수롭게 보지 않는다는 뜻이다. 성공하는 사람, 기회를 포착하는 사람은 남을 탓하지 않고 스스로를 먼저 돌아보는 법이다. 이런 사람에게는 반드시 성공의 기회가 찾아오게 되어 있다.

# 암 있고 말고!
# 운명에도 점수가 있지!

 앞 장에서 실패에 대해 자기합리화를 하는 사람을 다루었는데 이런 사람은 변화할 수 있는 능력이 없다. 당연히 실패가 반복될 가능성이 아주 높다. 미래의 행운, 기회의 포착은 실제 벌어진 상황보다 그 사람이 어떤 사람이냐에 달려있다는 뜻이다. 언젠가 누가 내게 사업의 성패를 물은 적이 있었다. 그는 주역전문가인 나에게 판단해달라는 것인 바 사업내용을 길게 그리고 소상하게 설명했다. 규모는 커서 이 사업이 성공할 경우 그는 상당한 부자가 될 수 있었다. 그의 전문가적인 사업설명은 이해가 되는 것이었고 이론적으로 말하면 성공가능성이 아주 많았다. 그러나 나는 사업내용을 심사숙고하지는 않았다. 그보다 먼저 따져야 할 일이 있었기 때문이다. 이것이야말로 가장 중요한 문제였다. 나는 그에게 말했다.

"당신의 사업구상은 아주 훌륭합니다. 다만…… 그것을 당신이 성공할지는 잘 모르겠습니다……"

그는 나의 말을 처음엔 잘 이해하지 못한 듯 했다. 그리고는 나에게 반문했다.

"이 사업구상은 어디가 잘못되었습니까?"

"아, 사업구상은 완벽한 것 같습니다……"

나는 이렇게 서두를 꺼내고 말을 이었다.

"하지만 사업구상이 문제가 아닙니다. 내가 확신할 수 없는 것은 당신이 이 사업을 성공해서 부자가 된다는 것이 잘 믿어지지가 않는다는 것입니다……"

그는 웃으며 다시 반문했다.

"내가 실패한다는 뜻입니까?"

나는 천천히 확실하게 대답해주었다.

"사업구상이나 내용은 성공할 것 같습니다. 그러나 당신이 성공할 운명이 있을 것은 장담할 수가 없네요…… 당신이 부자가 된다는 것이 그림으로 그려지지가 않아요. 사업이란 아무리 잘 구상했더라도 운이 나쁜 사람은 결과가 좋지 않아요. 실패할 것 같다는 뜻입니다."

이는 말은 잔인한 말일 수도 있었다. 하지만 진실을 말하지 않을 수 없었다. 내가 생각하기에는 그의 성공이 운명적으로 보이지 않았던 것이다. 나는 운명전문가로서 솔직히 얘기해주는 것이 옳다고 생각했다. 내가 이렇게 말하면 그는 좋아했을 것이다. 이 사업은 성공할 것이라고…… 그러나 이는 위로는 될지언정 책임있는 말이 아닐 것이다. 나는 다시 설명했다.

"인생에 있어서 사업의 성공유무는 그 치밀함의 정도에 달린 것이 아닙니다. 중요한 것은 그 사람의 운명일 뿐입니다. 더 정확히 얘기하자면 사업구상이 엉성해도 운명이 좋은 사람은 성공하는 경우가 많습니다. 당신은 운이 좋은 사람입니까?"

내가 덧붙인 마지막 말에 그는 또다시 반문했다.

"나의 운명이 나쁘다는 뜻입까?"

이 사람은 끝까지 나의 말을 이해하지 못하고 있었다. 그래서 이 번에는 내가 반문했다.

"당신은 성공할 운이 있습니까? 그렇다고 생각된다면 그 이유를 설명해 보십시오."

그는 말문을 닫았다. 그는 자신의 운명에 확신할 수가 없었던 것 이다. 그는 총명한 사람이었다. 그러나 운이 좋은 사람이라고는 스 스로도 말할 수 없었다. 그는 자신을 돌아볼 줄 아는 사람이었기 때 문에 무턱대고 자기는 운 좋은 사람이라고 선뜻 말하지 않았던 것 이다.

당신은 운 좋은 사람입니까?라는 질문은 우리 모두에게 해당된 다. 좋다고 생각된다면 그 이유를 말할 수 있어야 한다. 자기 스스 로가 어떤 사람인지는 잘 알고 있을 터이다. 그리고 지난날 돌아보 면 자신의 성공확률을 알 수 있는 법이다. 무작정 나는 잘 될거야라고 생각하는 것은 실은 아주 잘못된 착각이다. 냉정하게 자기의 운명에 점수를 매기도록 애써야 할 것이다.

# 때로는 운도
# 성형수술을 받아야 한다.

　　**나는 운이 좋은 사람인가는 평소에 항상 염두해두어야 하는 것이다.** 왜냐하면 운이 좋은 사람이 기회를 잡을 수 있기 때문이다. 물론 운이 좋은 사람에게 언제나 기회가 찾아오는 것은 아니다. 그러나 언제 기회가 오느냐는 둘째 문제이다. 최우선으로 따져야 할 것은 자신이 운 좋은 사람이냐는 것이다. 당신은 운이 좋은 사람인가? 모르겠다고? 그렇다면 당신은 운 좋은 사람이 아니다. 운이 따르는 사람은 자신의 운이 좋다는 것을 느낄 수 있는 법이다. 간단히 따져보자. 지난 세월 당신은 한 번이라도 운이 좋아져 본 적이 있는가? 한 번도 없었다면 운이 없다고 봐야한다. 그러니 양심적으로 생각해보자. 나는 과연 운이 좋은 사람인가? 이는 지난날에 물증이 있어야 한다. 막연히 좋다고 생각하면 운은 더 나빠지게 되어 있다. 지난 세월 운이 좋았던 적이 있는 사람은 물증이 있는 것이다. 언젠가 지난날, 그때 운이 참 좋았었지! 이렇게 되야 한다. 그런 추억이 있었던 사람은 미래를 기대해도 좋다.

우리의 영혼은 운 좋았던 시절을 각인해 놓는다. 그리고 항상 다시 그런 기회가 올 수 있도록 다방면으로 살피게 되어있다. 일종의 신통력이라고 볼 수도 있는데 이런 사람은 반드시 또 한 번의 기회를 만나게 될 것이다. 한 번뿐이라도 좋은 추억은 마음속에서 없어지지 않고 다시 재현될 수 있는 법이다. 과거에 한 번도 좋았던 적이 없었던 사람이라면 반성하면서 자신을 고쳐야 한다. 무엇을 고치든 상관없다. 현재는 운명이 죽어있거나 병들어 있는 것이니 이것을 회복시켜야 한다. 비결은 다름 아닌 새로운 사람으로 변하는 것뿐이다. 반성은 필수적이고 겸손은 운명의 회복속도를 빠르게 한다. 무조건 좋을 것이라는 신념은 아주 위험하다. 오히려 기가 죽어있는 것이 났다. 그러나 좌절을 해서는 안 된다. 무엇인가 운명적 대책을 세워야 한다는 것을 잠시도 잊어서는 안 된다. 다만 운명이 한 번이라도 좋았던 적이 있었던 사람이라면 그 시절을 자주 되돌아 보면서 성공의 원인을 생각해봐야 한다. 또는 그 당시 주변상황이나 징조도 살펴야 한다. 그렇게 해서 그 당시와 닮아지도록 노력하는 것이다. 그 당시 나는 어떤 사람을 만났나? 무슨 옷을 입고 다녔나? 어디로 여행을 했느냐? 사는 곳은 어디였던가? 음식은 주로 무엇을 먹었는가? 등 사소한 것이라도 전부 기억해내고 그 당시처럼 살아야 한다. 그렇게 되면 영혼은 금방 성공의 습관을 불러 일으키게 되는 것이다. 과학적 이유를 따지지 말자. 그저 운 좋았던 시절과 닮은 생활을 재현하면 된다.

그런데 문제는 운이 나쁜 사람, 즉 한 번도 좋은 시절이 없었던 사람인데 이런 사람은 끊임없이 변화를 시도하면서 새로운 운명의 기회를 잡아야 할 것이다. 여기서 묻겠다. 당신은 언젠가 운명의 기회를 잡고 성공할 수 있을까? 이미 과거에 한 번도 좋아본 적이 없는 상황에서 미래를 묻는 것이다. 비록 과거가 그렇다 하더라도 미래는 언제나 있을 수 있다. 다만 그 낌새라도 찾아보기 위해 세심한 점검이 필요하다. 무작정 미래는 누구에게나 있을 것이라는 막연한 기대를 해서는 곤란하기 때문이다. 먼 과거로부터 지금까지 실패만 계속했다면 이는 일단 불길하게 봐야한다. 세상에는 무수히 많은 기회가 있는 법인데 그중에 한 번도 기회를 잡지 못했다면 이는 패배의 습관이고 영혼이 그쪽으로 길들어 있다는 뜻이다.

희망을 찾기 위해 여기서 다시 묻자. 당신이 일자리를 구하려는 상황이다. 먼저 필기시험을 보게 된다. 이는 일을 하는데 있어서 해당분야에 기본적인 실력이 있는가를 묻는 것이다. 이것에 통과했다고 하자. 이제는 면접이다. 오늘날에 와서는 면접을 아주 중시하는 경향이다. 이는 그 사람이 원만히 회사생활을 할 수 있느냐를 점검하는 것이다. 인품이 좋지 않은 사람은 실력이 있다 하더라도 어디선가 문제점이 노출되고 이로써 회사업무에도 지장이 있을 것이기 때문이다. 기실 회사생활은 그 사람의 실력 못지 않게 인품이 중요하다. 특히 경영파트에 일하는 사람은 더욱 그럴 것이다.

잠시 문제를 바꾸어보자. 당신은 인생에 있어서 어떤 일을 추진할 능력이 있다고 하자. 그런데 운명은 어떠할까? 인생에 있어서 가장 중요한 질문이다. 당신이 성공할 기회를 잡느냐 못 잡느냐는 여기에 달려있기 때문이다. 일은 하고자 하는 사람은 누구나 어느 정도 실력이 있다고 봐야 한다. 그러니 당신이 실력이 좀 있다고 해서 크게 자랑할 일이 못된다. 실력은 필요조건이다. 그러나 운이라는 것은 이보다 더 중요한 충분조건인 것이다. 실력이 아무리 좋아도 운이 따라주지 않으면 실패하게 되어 있다. 이제 결론을 내려보자. 당신은 취직시험에서는 합격했다. 기본적인 실력은 갖추었다는 뜻일 것이다. 다음 관문은 면접이다. 다만 면접관이 하늘이라고 생각하자. 운명의 문제이기 때문에 하늘이 등장한 것이다. 당신은 하늘이 볼 때 성공할 자질이 있는가? 하늘에 대답해보라. 복 받을 자격이 있는가? 기회를 잡은 운명인가? 그렇다면 그 이유를 얘기해보라. 하늘을 향해서 말이다. 이것이 가장 중요하다. 당신은 하늘이 볼 때 복을 내려줄만한 사람인가를 묻는 것이다. 무조건 그렇다라고 얘기하면 이는 하늘을 무시하는 것이 된다. 하늘은 바보가 아니다. 반드시 복을 줄만한 사람에게 복을 주는 법이다.

　당신이 만약 그런 사람인지 확신이 생기지 않는다면 이제부터 열심히 생각해야 한다. 하늘이 어떤 사람에게 복을 줄까? 어떤 사람이 기회를 잡을 수 있을 것인가? 어려운 문제가 아니다. 잘 생각해 보면 스스로를 알 것이다. 하늘을 속이고 나 자신을 속일 생각 말고 솔직히 자기 자신을 평가해야 하는 것이다. 평점이 나쁘다면 일단 반성의 자세를 가져야 한다. 나는 왜 실패만 할까? 생각하고 또 생각하면 반드시 무엇인가 떠오를 것이다. 그것을 고치면 된다. 그리하여 복 받을 자격부터 획득해야 한다. 과거는 이미 잘못되었다 하더라도 미래마저 망칠 수는 없는 일이다. 자신의 못된 정체성을 밝혀내야 한다. 그런 노력만으로도 이미 인생의 기회는 나타나기 시작할 것이다.

# 미로찾기

**이 장에서는 다소 전문적인 얘기를 해보자.** 주역에 관한 얘기이다. 주역은 만물의 뜻을 밝히는 학문으로 인생의 모든 지침이 여기서 나온다. 주역은 문물을 8개의 기본원소로 분류한다. 지금부터 다룰 원소는 바람인데 이것은 기회를 잡는 방법을 제공하고 있다. 바람이란 무엇인가? 이것은 온 세상을 돌아다니고 인간의 몸에 다가와서 부딪치기도 한다. 이때 우리는 시원하다고 말한다. 추운 날씨에 바람은 우리의 몸을 떨게 한다. 문학에서는 종종 바람을 고통에 비유하기도 한다. 온갖 풍파를 다 겪었다는 말도 인생에 있어 많은 고통을 겪어 봤다는 뜻으로 쓰인다.

시련, 이것은 바람과 닮아있는 것이다. 인생에 있어 고통을 겪었을 때 이는 모진 운명의 바람을 부딪쳤다는 뜻이 된다. 액운은 정말 찬바람처럼 다가와서 인간에게 고통을 준다. 이것을 견디면 나쁜 운명을 용케 견디었다고 말하는 것이다. 순풍에 돛단격이란 말도 있는데 이는 시류에 의해 운명이 잘 풀려나간다는 뜻이다. 바람의 뜻은 이처럼 다양한 의미가 있다.

주역에 있어서 바람은 좀 더 깊은 뜻이 있다. 그것을 잠시 살펴보자. 바람은 돌아다니며 빈 공간을 파고드는 성질이 있다. 이는 소통을 의미하지 않는가! 주역에서 이점을 주목하고 있다. 이렇게 자연현상에 의미를 부여하고 있는 것이다. 바람은 또한 소식을 의미하는데 이것도 감이 잡히는가? 주역은 만물을 상징적으로 이해한다. 바람에 대한 상징을 넓혀보자. 바람은 통과, 통로, 연결 등을 뜻하는바 새로움이라는 뜻도 있다. 연결되어 소통하면 그곳은 예전과 다르기 때문이다. 바람은 부지런함을 뜻하는데 이것은 쉬지 않는다는 뜻이다. 바람은 넓다는 뜻이 있는데 바람이 가는 곳은 훤히 트여있기 때문인 것이다. 바람은 유연성이 있는 바 이는 부드러움을 뜻한다. 바람의 뜻은 아주 많다. 생각해보면 무수히 많은 의미를 찾을수 있을 것이다. 바람은 탐색을 뜻한다. 도로의 뜻도 있고 통신의 뜻도 있고 새로움이란 뜻도 있다. 바람은 청소라는 뜻이 있고 어지럽다는 뜻도 있다.

독자여러분이 스스로 바람의 상징을 많이 찾아낼 수 있다면 그만큼 주역의 섭리에 가까워지는 것이다. 나는 어려서부터 바람을 좋아했다. 그것은 바람을 부딪쳤을 때 시련을 이기겠다는 의지가 생기기 때문이다. 또한 바람이 약하게 불 때는 평화를 느꼈다. 어느 때는 미래가 불현듯 생각나기도 했다. 기실 바람은 징조를 뜻하기도 한다. 여기서 바람의 상징을 우리의 영혼에 적용시켜보자. 당신은 바람처럼 시원하고 부지런하고 새로워지는 사람인가? 또한 당신은 세상과 넓게 소통하는 사람인가? 바람의 모든 상징을 생각해 보고 나 자신이 바로 그런 사람인지를 꼼꼼히 따져보자는 것이다. 만약 당신이 바람과 많이 닮아있다면 또는 바람을 좋아한다면 당신은 미래에 행운의 기회를 잡을 수 있을 것이다. 바람은 살아있는 존재이기 때문이다. 우리는 이것을 반드시 본받아야 한다. 바람은 변화를 상징하는 바 일정한 틀에 잡혀있는 사람은 새로운 앞날을 기대할 수 없는 것이다.

사람은 다양한 성격을 가지고 있는데 그 하나하나의 성격은 미래와 깊은 관계가 있다. 사람의 성격의 심오한 구조는 바로 그 사람의 영혼의 구조를 뜻한다. 그리고 미래란 바로 그 사람의 영혼에서부터 발생하는 것이다. 바람같은 사람은 언젠가 기회를 잡을 수 있는 법이다. 옛 성인이 말했다. 날이면 날마다 새로워지라고⋯⋯ 이런 사람에게 어찌 기회가 안 찾아오겠는가! 운명의 기회를 잡으려면 먼저 자신의 됨됨이를 살펴봐야 하는 것이다. 무작정 기다린다고 행운이 찾아오지 않는다. 생명의 기운이 넘치는 사람은 기다릴 것도 없이 매순간 기회를 맞이하고 있는 중이다. 자신의 지난날을 보라. 무수히 많은 사연이 있었던가? 사소한 것을 말하자는 게 아니다. 일컬어질만한 시절을 보냈는가? 그것은 강하고 위대했던가? 수많은 고통을 겪었는가? 그런 사람이었다면 언젠가 반드시 기회를 잡을 수 있을 것이다.

인생에 있어서 기회를 잡는 것은 마치 미로에서 통로를 찾는 것과 같은 뜻이다. 미로에 갇혀 있으면 먼 곳을 볼 수가 없다. 통로를 찾는 것은 육감이고 운명이랄수도 있다. 그러나 이는 결코 우연이 아니다. 그 사람의 영혼이 특별하다면, 예컨대 바람같은 사람이라면 저절로 통로를 발견하고 빠져나올 수 있는 법이다. 바람은 스스로 통로를 찾아가는 성질이 있다. 운명의 기회를 잡는 것도 완전히 이와 같은 이치인 것이다. 미래를 궁리하느라 골방에만 처박혀 앉아 있어서는 안 된다. 아무 생각 없이 그저 산책이라도 하는게 훨씬 낫다. 산책이란 다른 말로 바람을 쏘이는 것이라고 할 수 있는데 그야말로 우리는 언제나 바람을 쏘여야 하는 것이다. 여기서 바람이란 밖에 있는 자연현상만을 의미하는 것이 아니다. 우리의 영혼에

새로움을 주입시켜야 하는 것이다. 기회를 잡는 것은 어렵지 않은
일이다.

# 불확정성원리

**고대 이집트에는 스핑크스라는 신이 있었다.** 이 신은 인간에게 많은 수수께끼를 내고 그것을 푸는 인간에게는 상을 주고 풀지 못하면 가혹한 벌을 내렸다. 사람들은 그 벌이 무서웠지만 상이 절실히 필요하면 스핑크스를 찾아가곤 했던 것이다. 스핑크스에게 상을 받으면 인생의 숙제가 풀리고 행복했기 때문에 많은 사람이 찾아갔다. 하지만 수수께끼가 너무 어려워 대부분 죽음을 면치 못했다. 스핑크스의 수수께끼 하나를 소개하자.

한 번도 있어본 적이 없고 반드시 있으며 누가 한 번도 보지 못했지만 인간은 이것을 믿고 의지하며 살아가는 것이다. 이것은 무엇인가? 어려운 문제는 아니다. 차분히 살펴보자. 한 번도 있어본 적이 없는 것이라면 과거는 아니다. 그렇다면 미래가 아닌가! 미래란 반드시 있는 것이다. 그리고 이것은 영원히 있다. 끝나도 끝날 수 없는 것이 바로 미래이다. 우리는 이것을 향해 걸어가는 중이다. 미래가 와도 그 다음의 미래를 향해 간다. 미래란 항상 새롭다. 어떤 상태가 반복된다면 이것은 현재일 뿐이다. 우리는 미래가 지금과는 다른 그 무엇이기를 바란다. 그리고 그렇게 그려보는 미래가 행복하기를 바라는 것이다. 아니 미래는 행복할 것이라고 굳게 믿는다. 만약 미래가 행복하지 않고 오히려 점점 더 괴로워지는 것이라면 살아가는 것이 무슨 의미가 있을까!

우리는 미래를 믿고 살아가는 존재인 것이다. 그런데 미래는 과연 그렇게 전개될까? 행복은 우리의 희망사항이다. 하지만 인간이라면 누구나 행복을 추구하기 때문에 믿을 수밖에 없는 것이다. 그러나 이럴수록 냉정하게 미래를 제대로 봐야 한다. 미래란 정녕 알 수 없는 것이다. 그래서 주역에서는 미래를 수뢰준(䷂: 水雷屯)이라고 표현하는데 이는 혼란스럽고 불확실하고 알 길이 없다는 뜻이다. 먼 과거 우주의 초기에는 혼돈의 시대가 있었다. 시간이란 바로 혼돈으로 시작하는 것이다. 또한 미래는 알 수 없는 바 혼돈일 뿐이다. 하지만 우리는 미래를 분명히 알고 싶어한다. 불안 때문이다. 기실, 미래를 확실히 뻔히 알고 산다면 이는 본 영화를 또 보는 것처럼 재미없을 것이다. 그러나 우리는 기필코 알고자 하는데 이는 재미없을지언정 괴롭지 않기를 바라기 때문이다. 또는 현재가 괴로운 사람은 미래는 이와 다른 행복한 그 무엇이 있기를 바라는 것이다. 이런 희망이 전혀 없다면 삶을 이어갈 이유가 있을까! 그런 사람도 있을 수는 있다. 하지만 그런 사람은 여기서는 제외하자. 우리는 지금 행복한 미래를 꿈꾸는 사람일 뿐이다.

여기서 생각하자. 우리의 미래는 행복할까? 아니면 지독히도 불행할까? 그것이 알고싶다. 그러나 이것은 알고 모르고의 문제가 아니다. 미래란 정해진 것이 없는 것이기 때문이다. 우리는 흔히 생각하기에 미래(운명)는 기차레일처럼 이어져 있고 우리는 그 길을 따라가는 것뿐이라고 믿는다. 이는 마치 어떤 역을 통과하면 반드시 그다음에 있는 역에 도달한다는 생각이다. 그러나 이 생각은 틀린 것이다. 정해진 역이 처음부터 아예 없기 때문이다. 미래란 정해진 것이 아니라 만들어가는 것이다. 시간의 기차를 타고 가면서 다음역을 만들어 간다는 뜻이다. 정말 그렇게 되어 있다. 과거는 정해져 있고 변할 수가 없다. 그러나 미래는 정해져 있지 않을 뿐 아니라 만들어 갈 수도 있는 것이다. 누가 만드는 것일까? 신이 만드는 것일까? 아니다. 우리가 만드는 것이다. 만들기 전까지는 아무것도 없다. 하지만 우리는 아무 미래나 마구 만들며 나아가는 것이다. 이것을 우리는 미래가 있어서 그 길로 찾아들어가는 것으로 생각한다. 이는 착각이다. 미래는 정녕코 없고 만들어간다는 것을 믿어야 한다. 이것이 오늘날 과학에서 밝혀진 진리이다. 소위 말하는 불확정성원리가 시사하고 있는 것이다.

　미래는 자유롭지만 우리의 능력은 신처럼 전지전능하지 못하다. 그래서 자기도 모르게 얼떨결에 어설픈 미래가 만들어진다. 그리고는 이를 운명이었다고 말한다. 이는 크게 잘못된 것이다. 물론 미래란 쉽게 만들 수는 없는 일이다. 그리고 변화를 주기도 어렵다. 이는 뉴튼의 제1법칙인 관성이라는 힘 때문이다. 미래란 우리의 습관에 의해 이어져가는 것뿐이다. 만약 우리가 미래를 행복하게 만들고자 한다면 흐름을 지배해야 한다. 나쁜 흐름을 끊어내야 하며 좋은 흐름은 이어가야 한다. 다음 장에서 좀 더 자세히 접근해보자.

# 매주
# 5,000원어치 산 복권

　　**미래는 종잡을 수 없다.** 그러나 막연한 것은 아니다. 자연현상은
일정한 틀이 있기 때문이다. 제일 먼저 주목해야 할 것은 뉴튼의 운
동 제1법칙인데 이는 물질의 세계뿐 아니라 인간사회에도 적용할
수 있는 최우선 법칙이다…… 이 법칙은 관성의 법칙이라고도 불
리는데 그 내용은 단순하고 당연하다. 여기 어떤 물체가 있다고 하
자. 큰 바위라고 해두자. 이것은 누가 일부러 옮겨가지 않으면 항상
그 자리에 있다. 그냥 그대로…… 이것이 바로 관성의 법칙이다. 밭
에 딸기를 심어놓지 않으면 그 밭에 딸기가 열리지 않는다. 이는 그
냥 그대로라는 뜻일 뿐이다. 세상의 모든 현상은 내버려 두면 변치
않는 것이다. 온 우주에 이만한 법칙이 없다. 뉴튼은 일찍이 자연계
를 통찰하고 이런 법칙이 있다는 것을 깨달았다. 이로써 우주를 이
해할 수 있게 된 것이다. 갑자기 이유 없이 바위가 날아다니고 심지

않은 과일나무가 자라나지는 않는다는 뜻이다. 세상에 이런 법칙이 없다면 우주는 미친 듯이 날뛰고 혼란에 가득찰 것이다. 신도 이런 법칙이 있기 때문에 신노릇을 할 수 있다. 다행이다. 세상의 모든 현상에는 이유가 있으니 말이다.

그렇다면 세상이 변하는 것은 무엇 때문일까? 그것은 무언가 세상을 가만두지 않기 때문이다. 바위돌도 누가 와서 굴리면 이동하게 된다. 물론 이때는 힘의 크기가 필요하다. 어린아이가 산같이 큰 바위를 움직일 수는 없는 법이다. 뉴튼의 운동 제2법칙은 어떤 사물에 힘을 가하면 그만큼 변화가 일어난다는 뜻이다. 간단히 말해 제1, 2 법칙에 따르면 사물은 건드리지 않으면 그냥 그대로이고 건들면 건드린 만큼 변화한다. 이렇듯 우주대자연의 현상은 일정한 질서가 있는 것이다. 우주에 이런 법칙이 없다면 금덩어리가 땅콩으로 변하고 새가 갑자기 비행기로 변하고 남자가 여자로 변하고 자식이 아버지로 바뀌기도 할 것이다. 물이 없는데도 갑자기 홍수가 나고 이유 없이 불이 나고 태양도 갑자기 없어지고 똥덩어리가 고양이로 변할 것이다.

여기서 생각해보자. 우리의 인생은 어떠한가? Y의 예를 들어보자. 이 사람은 서울에서 60년을 살았다. 외국에 한 번도 나가보지 않았다. 직장도 한 곳만 다녔고 40년 가까이 그렇게 살았다. 살고 있는 곳은 대방동인데 Y는 그곳에 60년을 살았다. 태어나서 계속해서 그곳에서 살았고 집도 부모가 물려준 집 그대로였다. 이 사람은 변화가 별로 없는 사람이다. Y는 냉면을 좋아하는데 45년 전부터 그랬다. 매운 음식은 66살 때부터 싫어했는데 지금도 마찬가지이다. 이 사람은 아주 가난하지는 않지만 부자는 아니다. 그리고 부자가 될 것 같지도 않다. 로또복권을 지난 20년 동안 매주 5,000원어치를 샀지만 55만원 이상 당첨되어 본 적이 없었다. Y는 현재 건강하다. 앞으로도 오래 그럴 것 같다. 입고 다니는 옷은 십년 전이나 지금이나 거의 같은 스타일이고 어쩌다 노래방이라도 가게 되면 지난 언제나 같은 노래만 부른다.

이 사람은 누구를 배신하지는 않고 배신당하지도 않았지만 오랜 세월 만나던 사람만 만날 뿐이다. 이 사람의 인생은 한마디로 기차 레일 위로 달리는 기차와 같다. 언젠가 수명이 다하면 그 기차도 멈출 것이다. Y의 앞날은 어떻게 될까? 갑자기 부자가 될까? 권력을 잡을까? 대단한 명예가 생길까? 생각해보자. 독자여러분은 이 사람의 앞날은 어떨 것이라고 판단하는가? 어려운 문제가 아니다. 도사가 아니어도 알 수 있고 점쟁이가 아니어도 알 수 있고 과학자가 아니라도 알 수 있는 것이다. 답은 무엇일까? 답: 크게 새로운 운명은 없다! 어째서일까? 이 사람은 정지된 관성이 있기 때문이다. 어제와 오늘이 별로 다르지 않고 오늘과 내일도 달라지지 않기 때문이다. 이런 사람에게는 새로운 기회라는 것이 있을 수 없는 법이다. 새로움이란 관성에서 벗어나는 것을 의미하는 바 이는 현재의 상태에서 무엇인가 작용이 가해져야만 가능하다. Y는 안정된 미래만 있을 뿐이다. 좋게 말해서 그렇다는 것이다. 이런 사람은 나름대로 큰 불행 없이 살아갈 것이다. 다만 큰 행복도 없다. 이런 운명을 바란다면 그렇게 살면 된다. 하지만 인생에 큰 결실을 얻고자 한다면 관성을 타파해야 한다. 기회란 관성을 벗어나는데서 얻을 수 있을 것이다. 이것이 요점이다. 다음 장으로 이어가자.

# 운명의 짐

**미래는 원래 자유롭다.** 그러나 관성력에 의해 일정한 틀에 잡혀 있는 것이다. 이 때문에 불운한 사람이 그 속에서 일생토록 벗어나지 못하기도 한다. 과거에서 현재까지 대체로 잘 풀리고 행복했다면 모든 것을 가급적 바꾸지 않고 그 틀을 유지하면 된다. 하지만 행복한 사람이 몇 명이나 되겠는가! 대부분의 사람들은 현실이 불만족스럽고 이것을 고치고자 한다. 하지만 관성의 힘은 대단하다. 특히 가난한 사람에게는 이 관성의 힘이 태산처럼 무겁다. 그래서 이것저것 해볼 엄두가 나지 않는다. 대개는 실패로 끝나게 되어 있고 이런 실패는 돌이킬 수 없는 파탄으로 이어진다. 원래 부유한 사람은 좋은 관성이 있는 터라 실패를 해도 그것을 극복할 여유와 기회가 있다. 그래서 돈이 돈을 번다고 말하고 가난은 대를 이어간다고 하는 것이다. 또한 아이러니하게도 가난한 자가 부유한 자보다

통상적으로 잃는 것을 더 두려워한다. 이미 빈곤한 상태에서 몇 푼 더 잃는다 해도 별 차이가 없지만, 그들은 푼돈이라도 지키려 아등 바등한다. 그렇게 어떠한 변화도 거부한 채 살아간다. 아무리 비참한 현실이라도 그것을 인정하고 받아들여야 한다. 변화는 여기서 출발한다. 이는 중환자일수록 진단을 확실히 받아야 하는 것과 같은 이치이다.

비슷한 짓만 계속하는 관성에서 시급히 탈피해야 한다. 그래야 미래가 자유롭고 무수히 많은 기회를 가질 수 있을 것이다. 그러나 관성을 완전히 제거하는 것은 불가능하다. 사람은 무한히 많은 틀 속에 갇혀서 살고 있다. 태어난 곳, 태어난 가정, 몸, 성씨, 성장하면서 선택한 직장, 사는 곳, 그가 사는 국가의 운명 등 굴레는 무한히 많다. 그리고 나이를 먹을수록 변화는 두려움으로 닫가온다. 그렇기 때문에 미래를 완전히 자유롭게 만들 수는 없는 법이다. 단지 주어진 틀을 가능한 많이 제거하여 기회의 폭을 넓히는 것이 관건이다.

이제는 이해했겠지만 우리 앞날은 운명적이다. 뻔하다는 뜻이다. 관성이란 바로 운명의 짐에 다름 아니다…… 여기서 운명개척의 원리도 나온다. 짐이 무거운 사람은 길을 걸어가는 것이 불편하기 때문에 원하는 곳에 빨리 도달할 수는 없을 것이다. 오히려 그 짐 때문에 주저앉을 뿐이다. 운명개척이란 새로운 행운으로 향해가는 것이 아니다. 한시라도 빠르게 운명의 짐을 덜어내서 미래의 기회의 폭을 넓혀야 한다. 앞으로도 살아갈 시간이 많이 남아 있다고 해서 무조건 기회가 많은 것이 결코 아니다. 뻔한 미래는 시간이 많다고 저절로 바뀔 수는 없는 법이다. 문제는 어떻게 운명의 짐, 관성의 힘으로부터 벗어나느냐이다. 물론 완전히 벗어나는 것은 불가능에 가깝다. 단지 숨통이 트여서 미래가 어느 정도 자유롭고 기회가 생기도록 노력해야 할 뿐이다. 그 방법은 다음 장으로 이어가자.

# 허깨비를 보면
# 안 된다고!

**세상은 넓고도 넓다.** 이 광대한 세상에서 어떻게 행운의 기회를 잡을 수 있을까? 그것은 다름 아닌 자기의 성향을 지속시켜온 관성을 바꾸는 것에서 시작된다. 이전에 보이지 않던 것이 보일 수 있기 때문이다. 내가 바뀌지 않으면 항상 보는 것만 보고 그것에 대한 평가도 항상 같다. 여기서 내가 바뀐다는 뜻은 무엇인가? 이는 바로 나의 영혼이 바뀐다는 뜻인 바 이로써 나는 다른 세상으로 떠난 것과 같은 상황이 발생한다. 세상이 바뀌면 또한 이는 운명이 바뀐다는 의미가 된다. 여기까지는 앞 장에서 논의한 관성을 바꾼다는 의미와 별반 다르지 않다. 그렇다면 나의 무엇을 바꾸어야 하는가? 바꿔야 할 사항은 무수히 많다. 많이 바뀔수록 관성이 변화하는 것은 당연하다. 하지만 그 많은 것을 어떻게 다 바꿀 수 있겠는가! 물론 그렇다. 사람이 바뀐다는 것은 한계가 있는 법이다. 여기서는 단

186

지 많이 바꾸면 그만큼 운명도 바뀔 수 있다는 뜻일 뿐이다. 모든 것을 다 바꿀 수는 없으니 쉬운 것부터 선별하고 차츰 변화의 폭을 넓혀가면 좋을 것이다.

나의 경우 운명이 너무 고달파서 많은 것을 바꾸기도 하고 외국으로 이민도 갔었다. 이민은 이사와 많이 다르다. 나라가 바뀌고 만나는 사람도 크게 바뀐다. 이로써 나도 모르게 나 자신도 바뀌게 된 것이다. 운명의 변화가 있었던 것은 물론이다. 이민생활은 5년 만에 끝났지만 그 정도만으로도 새로 태어난 듯 많은 것이 달라졌다. 어느덧 액운은 사라지고 많은 기회를 얻을 수 있었던 것이다. 오래 살던 장소를 떠나 새로운 곳으로 나아가면 달라지는 것이 많기 마련이다. 단순히 이사를 가서 다른 집에서 살기만 해도 관성은 어느 정도 사라진다. 성형을 한다거나 옷을 새롭게 바꾸어도 관성에 영향을 미친다. 목소리를 바꾸거나 친구를 새롭게 만나거나 결혼을 하거나 등도 모두 같은 결과가 생긴다. 그러나 이런 것보다 쉽게 관성을 바꿀 수 있다. 이것은 몸밖의 일이 아니다. 몸속, 즉 마음속에서의 일이다. 사람이 바뀐다는 것은 바로 마음이 바뀐다는 것에 다름 아니다. 그렇다면 마음을 바꾼다는 것은 도대체 무엇인가? 총명해진다는 뜻인가? 아니면 선해져야 한다는 뜻인가? 아니면 강해져야 한다는 뜻인가? 이 모두 맞는 말이다. 하지만 이 모든 것은 세월이 많이 걸린다. 운명이 다급한데 언제 그 모든 것을 바꿀 수 있겠는가! 좋은 방법이 있다. 나 자신을 손쉽게 많이 바꿀 수 있는 방법이 있는 것이다. 이는 마음에서도 핵심을 차지하고 있는 것이다. 이것이 바뀌면 사람은 확실히 달라지게 되어 있는 법이다.

감정을 바꾼다는 뜻은 구체적으로 무엇인가? 이것이 이 장의 핵심주제이다. 감정이란 우선 싫다 좋다로 나뉜다. 싫다가 많은 사람은 대체로 부정적인 성격이다. 이런 사람은 세상을 보는 데 나쁜 점을 먼저 본다. 그리고 사람을 볼 때도 주로 단점만 보는 경향이 있다. 또한 이런 사람, 즉 부정적인 사람은 마음속에 자기 의견으로 가득 차 있다. 남을 수용할 능력이 부족하기 때문이다. 따라서 이런 사람은 시야가 좁다. 이런 사람은 운명의 기회를 잡을 수 있을까? 우리나라 속담에 소가 지나가도 못 본다는 말이 있다. 이는 자기 속에 갇혀서 누구나 보는 것을 보지 못한다는 뜻이다. 당연히 이런 사람은 기회를 잡을 수 없을 것이다. 기회란 객관적 실세계에 일어나는 것을 포착하는 능력일 뿐 자기 자신의 신념에 사로잡힌 사람은 허깨비만 보이는 것이다. 따라서 실제 기회는 오지도 않고 와도 허상만 도래할 뿐이다. 반대로 넉넉한 감정, 긍정적 감정, 인간친화적인 감정은 자신을 쉽게 긍정적으로 바꾼다. 마음의 영토가 넓어지는 것이다.

188

기회를 잡지 못하는 사람은 자기 자신 속에 갇혀서 편협된 시각으로 세상을 바라보며 산다. 이런 사람은 아무리 세월이 가도 보는 것만 보기 때문에 운명의 힘이 아주 무겁다. 필요 없는 짐이 너무 많다는 뜻이다. 기회를 잡기 위해서는 몸으로 널리 나서야 하지만 정작 필요한 것은 마음의 문을 활짝 열고 영혼의 활동이 넓어져야 하는 것이다. 좋은 감정을 가지면 기회가 오고 그것을 포착할 능력도 향상된다. 항상 불쾌한 기분으로 사는 사람은 영혼이 위축되고 자기 자신도 모르게 실패의 길로 들어서게 되는 것이다. 기회의 포착은 행복한 사람에게 오는 법이고 행복이란 바로 감정상태를 말한다. 행복한 마음은 바로 기회를 강하게 잡는 힘이다. 감정이 온순한 사람은 운명의 기회를 만날 것이다.

# 꿈과 목표

**우리는 미래를 바라보며 인생에 어떤 기회가 올 것을 기대하며 또한 그런 날이 온다고 믿으며 살아간다.** 만약 우리에게 이런 기회가 없을 것이라면 하루하루 살아가는 것이 매우 어려울 것이다. 사람은 누구나 미래는 지금보다 나을 것이라고 생각한다. 우리는 이것을 희망이라고 부른다. 그렇다면 어떤 희망이 있을까? 각자 스스로 생각해보자. 가령 부자가 되고 싶다고 하자. 당신은 어떤 식으로 부자가 될 것이라고 믿는가? 잘 모르겠지만 그저 부자가 될 것이라고 믿고 산다면 이는 막연한 믿음으로 그런 미래는 오지 않을 것이다. 희망이 기회로 발전하려면 구체적인 설계가 있어야 한다. 우리는 이를 목표라고 부른다. 아무런 계획이 없으면 이는 목표 자체가 없는 것이므로 기회를 잡기는 매우 어려울 것이다. 기회란 목표가 있고 나서 그것이 실현될 가능성이 있는 것을 뜻한다. 아무런 대책도 없는데 희망을 갖고 산다면 이는 자기 자신의 미래를 방해하는 것 외에 아무것도 아니다. 없는 미래를 믿고 사는 것은 당장 기분은 좋겠지만 그것은 현실은 아닌 것이다.

우리는 현실에서 살아야 한다. 아주 어린 나이라면 막연한 꿈을 가질 수도 있다. 그러나 어느 정도 철이 든 나이라면 이제는 현실을 직시해야만 미래가 찾아오는 법이다. 꿈은 꿈으로 끝난다. 그것은 자기 자신에 대한 위안일 뿐이다. 미래가 어느 날 갑자기 내가 꿈꾸던 대로 딱 맞추어 나타난다는 것은 만화 속의 도깨비방망이 같은 이야기에 지나지 않는다. 진정 행운을 원한다면, 미래의 기회를 잡고자 한다면 꿈과 현실을 구분할 줄 알아야 하는 것이다. 미래란 예술도 아니고 장난도 아니다. 오로지 현실 그 자체일 뿐이다. 미래가 실제로 다가오게 하려면 목표가 있어야 한다. 목표 없는 꿈은 이제 잊어버려야 한다.

여기서 다시 묻자. 당신의 목표는 무엇인가? 10년 후 20년 후 30년 후라도 좋다. 구체적인 목표가 있는가? 부자 되는 게 목표라고? 그런 생각은 목표가 아니다. 그저 철없는 꿈일 뿐이다. 기회란 목표에 다가가는 길목에서 나타나는 것이다. 꿈에 나타나는 것이 아니라는 뜻이다. 결론은 목표, 그리고 그것의 실현이다. 목표를 오래 갖고 조금씩 접근해간다면 그것은 현실이 될 수도 있다. 무엇을 목표로 삼는다는 것은 그것에 대해 대책을 세워야 한다는 의미이다. 가령 부자가 되는 것이 목표라고 해보자. 이때 대충이라도 계획이 있어야 한다. 무엇을 해서 돈을 버는가? 어떻게 돈을 버는가? 언제 버는가? 등을 꼼꼼히 따져봐야 하고 현재 내가 하는 일이 장차 목표로 향해가는데 타당한가? 등도 판단해봐야 하는 것이다.

　나의 경우를 보면 젊어서부터 많은 목표가 있었다. 적어도 100가지는 되었을 것이다. 그러나 세월이 오래 지난 지금에서 보면 그 목표는 단 한 가지도 이룩하지 못했다. 이는 어째서일까? 우선 목표 설정이 잘못되었다. 욕망 때문에 실현 가능성을 검토하지 못하고 무작정 의지를 가지고 목표를 정했던 것이다. 물론 목표를 정한 후에는 철저히 검증했고 준비도 했다. 그러나 실제 순간에 부딪쳤을 때는 미처 생각해보지 못했던 많은 변수가 있었다. 누구나 대개 그럴 것이다. 욕망으로 시작하고 강한 의지로 밀어붙이고 나중에 현실에 부딪친다. 이때부터 생각해보지 않았던 많은 변수가 등장하는 것이다. 결국 실패로 이어진다. 그리고 세월이 또 지난다. 다시 계획을 세우고 열심히 준비하고 마침내 실행에 옮긴다. 어떻게 될까? 대개의 경우는 실패로 끝난다. 세상일은 성공보다는 실패가 많은 법이다. 아무리 열심히 철저히 준비하고 충분히 생각했어도 실패로 끝나는 경우가 허다한 법이다. 이것이 운이라는 것일까? 그래서 우리는 아무런 대책이 없는 것인가? 인생이 그럴 수는 없다. 어떤 일은 전적으로 나 자신에 달린 문제도 있을 것이다. 내가 잘못해서…… 혹은 어리석어서 실패하는 사람은 어째서 그렇게 될까? 나는 100번 이상 실패한 후 점점 그 이유를 알게 되었다. 그리고 많은 실패가 아무런 의미가 없지만은 않다는 것도 알게 되었다. 많이 실패한 사람은 이를 잘 활용하면 성공의 바탕이 될 수도 있다는 것이다. 장을 바꾸어 다시 논의해보자.

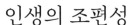
# 인생의 조편성

　**전 장에서는 희망과 목표에 대해서 논의했다.** 여기서 희망이란 다름 아닌 본능이다. 사람은 배가 고프면 음식을 찾는데 현재가 고통스러우면 희망을 품게 된다. 그리고 그 희망을 굳게 믿는 것이다. 하지만 우리가 본능적으로 갖는 희망은 현실과는 아무런 관계가 없다. 종교에서는 희망은 반드시 이루어진다고 하지만 이는 필연성이 있는 것이 아니다. 만약 세상이 우리가 희망을 품는 대로 되어간다면 우리는 신과 같은 존재일 것이다. 하지만 사람은 사람일 뿐이다. 인간사회를 포함하여 우주대자연의 현상은 일정한 법칙이 있다. 세상은 그에 따라 정해질 뿐이다. 공연한 생각을 하지 말자. 희망만으로 미래를 창조한다고 생각한다면 그 희망 때문에 세월을 낭비하게 될 것이다. 이래서는 아무것도 되지 않는다. 미래를 원하는 대로 만들고자 한다면 그에 부합된 행동을 해야 한다.

인생이란 목표를 가지고 살아야 하는 바 이로써 미래는 점점 우리가 원하는 대로 되어 갈 것이다. 물론 목표를 정해놓고 아무것도 하지 않으면 그것은 목표라고 말할 수 없고 그저 허망한 꿈에 지나지 않는다. 목표가 정해지면 당연히 실천을 해야 한다. 목표가 금메달이라면 열심히 연습하여 기술과 힘을 쌓아 나아가야 한다. 사업이라면 수익을 향해 나아가야 하는 바 여기서 이것을 잠깐 살펴보자. 사업이 실패하느냐 성공하느냐를 알기 위해서이다. 앞서도 논의한 바 있지만 사업실패란 거기에 들어간 에너지의 탕진뿐 아니라 시간의 손실이 일어난다. 만약 10년을 계속하다가 실패하면 10년의 세월이 손실된 것으로 이것만으로도 인생 전체가 실패로 끝날 수 있다. 기실 사업에 가장 중요한 것은 돈이 아니다. 실패하면서 매달려온 세월의 탕진이 더 문제인 것이다. 그렇기 때문에 사업의 초기 성패를 재빨리 가늠할 필요가 있다.

여기서 따져보자. 사업은 이미 시작되었다. 그런데 매일 진행해 나가는 일에 성과가 뾰족하게 나타나지 않으면 어떻게 되는가? 일은 열심히 하는데 수익이 생기지 않는다는 뜻이다. 난감한 문제일 수밖에 없다. 이것을 얘기하자. 축구경기를 비유해서 따져보자. 축구에서 가장 중요한 것은 무엇인가? 골을 넣는 것이다. 열심히 훌륭하게 경기를 했는데도 골을 넣지 못한다면 어쩌면 좋으랴! 사업에 있어서 실익이 생기지 않으면 이는 축구경기에서 골이 나지 않는 것과 마찬가지이다. 어째서 이런 일이 벌어질까? 사업이나 경기를 잘 못해서인가? 그렇지 않다. 다른 이유가 있다. 그것은 그저 골을 넣지 못하는 사람이 사업을 했기 때문이다. 이는 실력의 문제가 아니다. 바로 운의 문제인데 골을 넣지 못하면 아무리 준비를 잘했어도 소용이 없다. 이런 사람은 사업 초기에 알 수 있다. 골이 나지 않는다는 것!…… 이런 사람은 슬슬 사업을 접을 준비를 해야 한다. 오래 끌어서 긴 세월을 허비할 수는 없는 일이다. 우리나라 속담에 잘되는 나무는 초잎부터 알아볼 수 있다는 말이 있다. 잘될 사업은 처음부터 잘되는 법이다. 그렇다면 사업을 쉽게 그만두라는 뜻인가? 그게 아니면 이점을 자세히 얘기해보자.

여기 어떤 사람이 있다고 해보자. 당신 자신이라고 해도 좋다. 여기서 제일 먼저 판단할 것은 당신이 어떤 사람이냐이다. 이기는 조에 속하는 사람이냐 지는 조에 속하는 사람인가를 묻는 것이다. 이 문제는 앞서 길게 논의한 바 있다. 지는 조에 속한 사람은 이유불문코 사업은 결국에 가서 망한다. 그렇다면 지는 조가 아닌 이기는 조에 속하는 사람은 어떠한가? 이런 사람은 골을 넣지 못해도 얼마간은 사업을 진행할 필요가 이다. 나중에라도 성공할 수가 있으니까…… 하지만 지는 조에 속한 사람이 골을 넣지 못한다면 끝장인 것이다. 그렇다면 지는 조에 속한 사람이 골을 넣고 있다면 어떨까? 이런 경우라면 조심스럽게 열심히 사업을 진행해야 한다. 이런 사람은 어쩌면 지는 조에서 탈출할 수도 있다. 축구처럼 사업은 초기에 실익이 나타나야 유리하다. 장기적인 전망을 바라본다는 것은 이기는 조, 확실히 이기는 조에 속한 사람만이 생각해볼 수 있는 것이다.

자, 그렇다면 골을 넣지 못하는 사람은 어떤 사람인가? 이런 사람은 오랜 세월 실속을 챙기지 못한 사람을 일컫는다. 골을 잘 넣는 것은 습관이고 운명이다. 그래서 평소에 골을 넣는 사람으로 변해가야 하는 것이다. 어떤 사람은 긴긴 세월 실속 있는 일을 못하고 사는 경우가 있다. 이는 자기 운명에 대해 죄를 짓고 있는 것이다. 사소한 일에도 사람은 이유 있는 행동을 해야 하는 것이다. 내가 아는 어떤 사람은 월급을 안 받아도 좋으니 일만 시켜달라고 해서 오랫동안 실제로 일을 하는 사람이 있었다. 좋은 일을 했다고? 아니다. 바보이고 죄인이다. 인생에 그토록 할 일이 없단 말인가? 어떤 사람은 항상 사기를 당하고 살고 있다. 일이 그럴듯해서 열심히 했는데 대가를 지불 받지 못한 것이다. 남을 탓해봐야 소용없다. 자신이 골을 넣지 못하는 사람인 것을 고쳐야 한다. 이는 모를 수가 없는 일이다. 지난 세월을 따져봐라. 일마다 틀어졌는가? 아니면 항상 일한 만큼 소득이 있었는가? 이는 습관이다. 크고 작고는 문제가 아니다. 작은 일에서도 골을 넣을 수 있다면 큰 일에서도 골을 넣을 수 있는 법이다.

나의 경우를 보자면 원래 나는 지는 조에 속해 있었다. 그러나 골은 잘 넣는 편이었다. 결국에 가서 실패했을 뿐이지만 과정에서는 제법 성과를 냈던 것이다. 물론 지는 조에 속했기 때문에 번번이 성공을 못했고 그래서 필사적으로 지는 조에서 벗어났고 골을 잘 넣는 습관을 연마했다. 잘 생각해보면 골을 못 넣는 사람은 이유가 있다. 어렵지 않으니 스스로 판단해봐야 한다.

# 때라는 것은
# 마음의 성숙된 순간이다.

　　**프로이트는 어느 날 환자 한 명을 맞이했다.** 이 환자는 오랜 세월 원인 모를 두통에 시달렸고 의사는 아무 문제가 없다고 진단했다. 그러나 프로이트는 자신의 독특한 방법으로 환자의 정신분석을 시작했다. 그 결과 하나의 특징이 발견되었다. 환자는 기차의 기적소리를 들으면 두통이 더 심해지는 것이었다. 어째서일까? 두통이 기차의 기적소리와 관련 있다는 것은 점점 더 분명해졌다. 환자는 기차 얘기만으로 통증을 느끼는 것이었다. 이에 프로이트는 확신을 가지고 정신분석을 계속했다. 그러다가 드디어 마지막 비밀이 밝혀진 것이다. 그 내용은 이렇다. 환자는 오랜 세월 전에 애인과 헤어진 추억을 회상했다. 애인은 헤어질 당시 기차를 타고 떠났는데 그 당시 기차는 기적을 울리며 떠나가던 것이다. 환자는 이를 일부러 기억한 것은 아니지만 무의식 속에 그 기적소리가 감지되어 있었다. 이 때문에 환자 자신은 기적소리가 들리면 저도 모르게 두통이 일어나게 된 것이다. 환자의 무의식은 기차가 떠나는 순간을 고통스럽게 느끼고 그것은 기적소리와 합쳐져 무의식의 심연에 자리 잡고 있었던 것이 분명했다. 프로이트는 이 사실을 환자에게 알렸다. 그러자 환자는 고개를 끄덕이며 인정했고 그 순간 두통이 사라졌다.

이것은 무엇을 말해주고 있는가? 무의식적인 사건들은 그 현상을 표면에 드러내면서 사라진다는 것이다. 본인이 사건의 실체를 아는 순간 현상은 사라진다는 의미이다. 정신분석에 의해 신경증 치료는 이렇게 이루어지는 것이다. 자, 이제 여기서 전 장에서 논의한 골을 넣지 못하는 사람을 생각해보자. 대개의 사람들은 자신이 골을 넣지 못한다는 사실을 인지하지 못하고 살아간다. 매달렸던 일이 아무런 소득이 없이 지나가도 그 이유를 모르는 것이다. 그저 일 자체가 실패하도록 되어 있었던 것으로 이해하고 넘어간다. 그러나 이는 크게 잘못된 판단이다. 실은 일 자체에도 문제가 없었다. 단지 그 사람 자체가 처음부터 골을 못 넣는 사람이었기 때문에 태평하게 일을 도모한 것이다. 물론 일 자체가 처음부터 실패할 수밖에 없었던 일일 수도 있다. 하지만 본질은 그게 아니다. 정작 문제는 그 사람이 골이 안나는 일이었다는 것을 몰랐다는 것이다. 골을 잘 넣는 사람은 무슨 일이든 척 보면 소득이 있을 것과 그렇지 않은 일을 본능적으로 판별할 능력이 있다. 어려운 능력이 아니다. 평범한 사람도 그런 능력이 있는 것이다. 이는 인간의 본능에 해당된다. 그런데도 골을 못 넣는 사람은 그게 안 보일 뿐이다. 이를 고쳐야 하는 것이다. 간단하다. 자신의 과거를 돌아보며 자기는 골을 못 넣는 사람이란 것을 깨달아야 하는 것이다. 특별히 고칠 방법을 생각해낼 필요조차 없다. 자신은 골을 넣지 못하는 사람이고 과거가 항상 그래 왔다는 것만 알면 된다. 그리되면 골을 넣을 수 있는 사람으로 점차 변하는 것이다.

축구에서는 골을 넣는 것이 중요하듯이 사업이란 분명한 결실이 있어야 한다. 대개의 사람은 열심히 일하는 것으로 자신의 할 일을 다했다고 생각한다. 이것을 고쳐야 한다. 나는 기필코 골을 넣겠다고 생각해야 한다. 이는 어렵지 않다. 한번 실천해보자. 사업을 떠나 생활속에 사소한 문제라도 결과가 분명한 사람이 되어야 한다. 해보고 안 되면 다시 한다는 정신은 미래를 파괴하는 법이다. 헛걸음이란 말이 있다. 무턱대고 걸어가다 보면 잘못 걸어왔다는 것을 알게 되는 바 처음부터 신중하게 결말을 생각하는 버릇을 가져야 한다. 골을 못 넣는 사람은 신중하지 못하고 매사에 낙관한다. 좋은 성격 같지만 그게 아니다. 번번하게 사기만 당하는 사람은 그 잘못은 자기 자신에 있는 것이다. 사기꾼을 탓하지 말고 일의 내용을 탓하지 말고 자신에게 있는 단점을 고쳐야 하는 것이다. 골을 넣지 못하는 것이 빈번해지면 이제는 지는 조에 들어가서 영원히 빠져나올 수 없다. 그렇게 되면 인생 전체가 실패로 가득 찰 것이다. 항상 골을 못 넣고 지는 조에 깊이 빠져있는 사람은 될 일도 안 되는 법이다. 그의 영혼은 실패만 반복할 뿐이고 성공과 멀어진다.

인생은 요점없이 어슬렁거리며 살아서는 안 된다. 자신을 단단히 조여매고 골이 나는지 안 나는지를 면밀히 살펴야 한다. 이는 조금만 생각해도 알 수 있는 일이다. 운명의 기회란 밖에 있는 것이 아니다. 자신의 마음속에 있는 것이다. 때라는 것은 자기 마음이 성숙된 순간을 말하는 것이다. 아무런 대책 없이 하면 된다는 생각은 자기 자신을 구렁텅이로 몰아가는 것에 지나지 않는다.

# 시간의 흐름이란
# 무엇인가?

　　**세상의 모든 일은 시간과 공간상에서 일어난다.** 여기서 공간이라 함은 장소이고 시간은 일이 발생하는 때를 일컫는다. 장소, 시간 그 모두가 중요한 것은 당연하다. 여기서는 시간에 대해서 중점적으로 말해 보겠다. 사업은 언제 흥하고 언제 망하는가? 안 되는 사업은 언제까지 기다려야 하는가? 아니면 당장 집어치워야 하는 것인가? 참으로 어려운 문제이다. 이 문제에 대한 일률적인 정답은 있을 수가 없다. 우리는 단지 여러 상황의 예를 가지고 시간의 흐름을 파악해야 할 뿐이다. 여기에는 물론 일정한 틀이 존재한다. 가장 중요한 것은 무엇일까? 이는 주역에서도 다루는 문제이다. 주역에서는 이렇게 말한다. 만물의 흐름은 궁극에 가서는 변한다라고. 이것은 모든 일에는 수명이 존재한다는 뜻이다. 메뚜기도 한철이다라는 말도 있는데 이 또한 시간의 흐름은 같은 상황이 영원할 수 없다는 뜻이다. 어떤 일은 오래가고 어떤 일은 짧게 끝난다. 여기서 모든 일을 분류할 수는 없다. 단지 시간의 흐름은 반드시 변하게 되어 있다는 것을 알면 된다. 과학자들은 일찍이 자연현상의 수명이 있다는 것을 알아 내었다. 이는 만물의 변화는 한계가 있다는 뜻이다. 이에 따라 우리는 마음속으로 모든 일에는 종말이 있다는 것을 알고 이 것을 파악하는데 노력해야 할 것이다. 특별한 방법이 있는 것은 아니다. 그저 모든 것에는 끝이 있는 바 끝나가는 일에 미련을 갖지 않으면 된다. 우리가 무엇을 하든 시작과 끝을 염두에 두라는 의미이다.

그런데 사업은 시작이 일단 중요하다. 일은 언제 시작을 해야 하는가? 이것이 첫째 질문이다. 시기를 정하는 문제이다. 이 문제는 앞서 여러 번 다루었지만 좀 더 분명히 해두자. 답은 이렇다. 일의 시작이란 절대로 서두를 필요가 없다는 것이다. 사람의 일은 다소 늦추어진다고 해도 기회가 사라지지 않는다. 물론 분초를 다투어야 할 일들이 있기는 하다. 그러나 대개 기회는 사람이 정하는 법이다. 주식을 예를 들어보자. 이는 급히 사지 않아도 좋다. 주식투자는 또 다른 기회가 얼마든지 있는 법이다. 오늘 못 사면 내일 다른 것을 사면 된다. 다만 농사라면 씨를 뿌리는 시기가 있다. 결혼도 혼기가 있는 법이다. 일일이 모든 것을 따져 볼 수는 없다. 그저 일의 시작은 늦춘다고 큰 문제가 발생하는 것은 아니라는 것이다.

　그럼 충분히 준비하여 무리없이 일을 시작했다고 치자. 이제는 어떻게 해야 하는가? 이때부터는 시기 포착이 중요하다. 결론은 하나이다. 서둘러야 한다는 것이다. 내일 하려고 하지 말고 오늘밤에 당장 할 일이 있는가를 살펴보란 뜻이다. 일이란 앞일을 처리한 후에 뒷일이 발생하는 법이다. 내일 해도 될 일은 오늘밤에 해두면 새로운 길이 생기게 되어 있다. 이것은 시간의 법칙이다. 생각을 오래 하지 말고 할 수 있는 일을 하고 나면 그다음은 저절로 알게 된다는 의미이다. 병법의 대가인 손자는 말했다. 교묘하게 제대로 하려고 시간을 끄는 것보다 미숙한 채로 빨리 처리하는 것이 낫다고…… 물론 이는 사업이란 것이 시작되었을 때를 말하는 것이다. 사업을 시작하기 전에는 한참 생각하고 늦추어도 좋다. 미국이 벌이는 전쟁은 대개 이렇게 한다. 그러나 시작한 전쟁에 대해서는 속전속결로 나아가는 것이다. 손자가 얘기한 것은 속전속결을 말하는 것이다. 이미 시작된 사업에 관한 회의를 하는 것도 내일 아침에 하지 말고 오늘밤에 해야 한다. 내일 아침까지 미룰 이유가 뭐 있단 말인가! 사업이란 자본 절약이 중요하지만 더욱 중요한 것은 시간 절약이다. 다음 일을 발견하기 위해 또한 새로운 운명을 맞이하기 위해 오늘 일을 재빨리 마쳐두어야 한다. 이렇게 하면 미래가 보인다. 사업의 성과가 뜻대로 발생하지 않으면 행동을 빨리해보라. 그러면 새로운 돌파구가 열리는 법이다.

　인생의 모든 일은 앞으로 무슨 일을 할까를 생각하는 것이 아니고 오늘 지금 당장 할 일을 찾는데서 승패가 정해진다. 오늘 당장 할 일이 없다면 바로 사업을 걷어치울 준비를 해야 한다. 상황을 봐서 움직이겠다는 말은 그럴듯하기는 하지만 실은 대책이 없다는 뜻이다. 대책이란 생각으로 만드는 것이 아니다. 오늘 지금 할 일을 찾는데서 저절로 등장하는 것이다. 우리나라 속담에 천리길도 한걸음부터라는 말이 있는데 이는 행동을 먼저 하라는 뜻에 다름 아니다. 시작이 반이다라는 말도 같은 의미이다. 지금 당장 할 일이 생각나지 않는다면 내일 생각난다는 보장이 없다. 어려울 때일수록 오늘 일을 생각해봐야 한다. 우주대자연은 계획이란 것이 없다. 당장 되어가는 일을 하는 것 뿐이다. 다음 일은 지금 할 일을 하고 나서 따져볼 일이다. 지금 당장 할 수 있는 일을 하면 다음 일은 저절로 나타난다. 이것을 자연현상이라고 부른다. 다른 말로는 시간의 흐름이다. 시간은 영원히 흐르지만 계획된 것이 아니다. 1초 후도 계획된 것이 없다. 사람이 하는 사업의 경우는 미래가 보이기도 하고 계획을 세울 수도 있지만 실은 뜻대로 되는 것이 아니다. 지금 최선을 다하는 것이 중요하다. 최선이란 다름 아닌 당장 할 일이 무

엇인지를 발견하는 것이다. 잘되는 사업은 일이 항상 보이고 자동
으로 나타난다. 딱히 할 일이 없고 상황을 지켜봐야 하는 지경이 되
었다면 이는 사업의 위기이다. 하지만 그렇다 하더라도 당장 할 일
을 발견하는데 애써야 한다.

# 거대한 기회는 없다.

**사업의 찬스는 언제 오는가?** 이것은 사람이 사용하는 달력에 의해 나타나는 것이 아니다. 가령 윤달이 좋다거나 명절날이 좋다거나 한식이 좋다든가 하는 식으로 나타나지 않는다는 뜻이다. 또한 31살이나 41살처럼 10단위가 끝나고 시작하는 해에 기회가 찾아오는 것도 아니다. 기회란 사람이 만들어 놓은 달력에 의존할 수 없는 것이다. 기회는 이렇게 나타나지 않고 시간이 흐르는 가운데 어느 날 불쑥 나타나는 법이다. 그리고 이것은 대개 결과론이다. 미리 기회를 알고 기다릴 수 없다는 뜻이다. 기회란 어느 때건 찾아오지만 그것은 계획되어 있다가 나타나는 것이 아니고 상황에 따라 나타날 때가 있는 것이다.

그러나 기회의 뜻을 잘 알아야 한다. 우리의 인생은 많은 기회가 있지만 이것은 거대한 행운의 순간을 의미하지는 않는다. 대개의 인생에는 거대한 기회라는 것이 없다. 그저 지난날보다 조금 일하기 좋은 시기가 있을 뿐이다. 기회, 찬스, 행운 등은 별로 대단할 것이 없다는 것을 뼛속까지 새겨 두어야 한다. 그래야만 그나마 인생행로에 좋은 흐름에 올라탈 수가 있는 법이다. 마치 로또복권에 당첨되듯 한 번에 인생역전에 이를 수 있다고 믿는다면 이는 허망한 꿈일 뿐이다.

기회란 엄밀히 말해서 위기에 빠지지 않는 모든 순간을 뜻하는 단어이다. 인생의 성공은 오래 걸리는 작업이다. 한순간에 모든 것을 이룰 수 있다는 망상을 재빨리 치료하지 않으면 인생의 모든 기회는 사라지게 되어 있다. 사람이 위기에 빠지지 않고 착실하게 자그마한 행운을 연속적으로 맞이할 수 있다면 이는 인생의 큰 성공이라 할 수 있을 것이다. 물론 어떤 사람에게는 갑자기 아주 거대한 기회가 찾아오기도 한다. 그러나 이것은 아주 드문일로 그만한 운명과 자격이 있어야 성취할 수 있다. 그러나 이러한 행운이 찾아오는 경우는 매우 드물다. 그러므로 오랜 기간 동안 조금씩 성취해 나아가는 방법을 터득해야 한다. 주역에 산뢰이(䷚ː山雷頤)라는 괘상이 있는데 이것이 모든 성공을 알려주는 괘상이다. 나는 이 괘상의 가르침에 따라 세상을 살았더니 많은 것을 성취할 수 있었다. 이 내용은 매우 중요하므로, 조금 자세히 설명하고자 한다.

나는 오래전 건강이 매우 약해진 적이 있었다. 그래서 약물치료
는 물론 운동이 필요했다. 당시 너무 허약해서 운동조차 힘들었다.
하지만 힘을 내서 운동을 시작했다. 하루에 1분 정도였는데 이마저
도 벅차고 귀찮았다. 그러나 포기하지 않고 애써 실행했다. 그러던
중 3개월의 시간이 흘렀다. 이때만해도 1분 정도 운동하는 것이 힘
들지는 않았다. 그래서 운동시간을 2분 정도로 늘렸다. 이때부터는
약간 힘이 들었지만 더욱 열심히 하루도 쉬지 않고 실행했다. 그래
봤자 하루 2분일 뿐이다. 그러나 이 2분이 건강을 회복하는 중요한
포인트가 되었다. 나는 더욱 신이 났고 차츰 건강이 회복되고 있다
는 확신이 들었다.

이런 상태에서 어느덧 시간이 흘러 운동을 시작한 지 6개월이 지
났다. 이쯤 되니 하루 2분 정도 운동하는 것이 힘들지 않았다. 그래
서 한 번 더 도약해 본 것이다. 하루 3분이었다. 갈수록 건강은 현
저히 회복되었고 허약한 체질은 개선되었다. 나는 이에 결심했다.
하루 3분씩 평생 하겠다고…… 더 이상 시간을 늘리지 않아도 좋
다. 3분이라는 시간은 짧은 시간이 아니다. 10년, 20년, 30년 해나
간다면 그 힘은 막강할 것이다. 그 후 나는 건강을 완전히 회복했고

3분 운동으로 결국은 1시간 걷는 데까지 이르렀다. 하루 1시간 걷는 것은 일반인으로도 제법 큰 운동시간이다. 물론 나는 매일 1시간을 걷는 것은 아니다. 가끔씩 걷지만 그런 힘이 있다는 것이 중요하다. 지금도 하루 3분씩은 반드시 운동에 시간을 투자한다. 그리고 때로 한참 걷기도 한다. 이로써 나는 보통사람보다 더욱 건강해질 기회를 얻었다. 급할 것은 없다. 꾸준히 하면 50년 100년도 살 수 있을 것이다.

이상으로 건강의 기회를 잡는 법을 얘기했는데 세상의 사업도 마찬가지라 생각한다. 정보를 모으고 장소를 물색하고 1/100의 자본을 구하고 이를 불려서 1/10에 이르고 다시 1/2에 이르고 결국 자본도 만들어내고 지난 5년 동안 꾸준히 노력한 계획을 실천하면 순조롭게 풀릴 것이다. 이는 계획에 공을 들였기 때문이다. 우리나라 속담에 공든 탑이 무너지랴!라는 말이 있다. 운명의 기회란 그 내용이 무엇이든 간에 공을 얼마나 들였냐에 따라 성패가 정해지는 법이다. 즉흥적인 계획은 실패의 위험이 크다. 그러나 꾸준히 공을 들인 사업은 성공의 씨앗이 되는 법이다. 옛말에 지성이면 감천이라고 했던 바 행운의 기회는 평소 꾸준히 쌓아가야 하는 것이다. 현재 쌓아가는 계획이 없다면 5년 후에도 10년 후에도 똑같은 운명을 맞이할 것이다. 행운은 절대로 갑자기 나타나지 않는다. 오늘, 현재,

미래를 위해 구체적으로 하고 있는 일이 있다면 기회는 분명 찾아
올 것이다.

# 몸과 마음을
# 가볍게 하라.

**성공으로 가는 일은 마치 여행하는 것과 같은 것이다.** 성공이란 목표지점인 바 노력이란 그곳을 향해 꾸준히 걸어가는 것이다. 어느 때는 빠르게 어느 때는 천천히 걸어가도 좋다. 합당한 목표를 정하고 꾸준하기만 하면 어느새 성공의 운명이 영혼에 따라붙는다. 행운이란 좋은 운명이 있는 사람에게 생기는 것이 아니다. 그쪽을 향해 걸어가는 사람에게 생기는 것이다. 우리는 현재 행운을 향해 걸어가는가? 이것을 항상 물어야 한다. 언젠가 행운이 오겠지 하고 태연히 지내는 것은 오히려 불행을 자초하는 법이다. 이제부터 행운을 향해 걸어가는 법을 생각해보자. 여행을 하는 것과 많이 닮아 있다.

짐이 많으면 여행길에 지장이 많다는 것을 잘 알 것이다. 그래서 여행에 앞서 짐을 가볍게 하는 것이 중요하다. 짐에 대해 생각해보자. A는 빚이 있다. 빚이란 짐이다. 이것이 많으면 새로운 사업은 성공하기 어렵다. 성공해서 빚을 빨리 털어버리겠다는 생각은 아주 어리석다. 빚은 성공 전에 먼저 없애 놓고 출발해야 하는 법이다. B는 빚은 없지만 자동차 할부금이 밀려있다. 이런 것도 행운으로 나아가는데 짐이 된다. 가전제품을 할부로 샀다고 해도 마찬가지이다. 짐은 아예 없애버려야 한다. 앞으로 몇 달 후 자녀들의 대학등록금이 필요한데 아직 그것이 준비되어 있지 않다면 이 또한 짐이 된다. 짐이라는 것은 그것을 짊어져야 하는 것이므로 여행에 있어서는 당연히 지장을 받을 것이고 이것이 운명의 짐이라면 새로운 기회가 만들어지는 것이 어려울 것이다.

새로운 기회를 맞이하기 위한 절대조건은 짐이 없어야 한다는 것이다. 다른 말로 평온한 세월에 운이 발생한다는 뜻이다. 짐이 있으면 그것을 처리할 때까지 운명은 기다리는 법이다. 예를 들어 이가 아파서 치과에 가야하는데 차일피일 미룬다면 그동안 운명의 기회가 등장하기 쉽지 않다. 그렇기 때문에 오늘 할 일을 내일로 미루는 것은 좋지 않다. 할부로 물건을 산다거나 외상으로 물건을 구입하는 것도 미래를 지연시키는 행위이다. 집안행사도 마찬가지이다. 자녀의 결혼식이 있으면 그동안 사업을 시작해서는 안 된다. 건강에 이상이 있는 듯 해도 사업을 시작하면 좋지 않다. 이사를 해야할 시기가 다가오면 아무 일도 해서는 안 된다. 심지어는 집안에 치워야할 쓰레기가 많아도 사업을 시작해서는 안 된다. 요점은 간단하다. 새로운 운명의 기회는 몸도 마음도 가볍고 여유가 있을 때 나타난다는 것이다.

운명을 기다린 다는 것은 자기 신변을 깨끗이 하는 일이다. 건강이라든가 빚이라든가 집안행사라든가 그 무엇이든 특별히 의무적으로 해야 할 일이 있으면 운명의 기회는 미루어진다고 보면 된다. 이는 영혼의 특징이다. 우리의 영혼은 사소한 일이 남아 있어도 저도 모르게 그쪽으로 쏠리기 때문에 다가오는 미래를 볼 수도 없고 힘을 쓸 수도 없다. 할 일이 없으면 빚을 갚고 외상값을 갚고 앞으로 쓸 일이 있으면 미리 처리해버리고 계속 가볍게 해야한다. 집안에 있는 짐들도 요긴한 것이 아니면 다 갖다 버리는 것이 좋다. 몸의 짐, 즉 체중도 줄이면 행운이 온다. 집안의 짐들은 가지런히 해서 공간을 넓히고 이동이 간편해야 한다. 물건을 자꾸만 사들이는 것은 그만큼 운명을 포기한다는 뜻이 된다. 비어있는 것에 무엇인가 채워지는 법이다. 몸과 마음, 그리고 집안 환경에 무엇인가 가득차 있다면 새로운 운명을 맞이하기가 그만큼 어려워진다.

운명의 기회란 미래를 맞이하는 일이고 짐이란 과거에 묶인다는 뜻이 있는 것이다. 사람은 누구나 허전한 것을 싫어하기 때문에 자꾸만 무엇인가를 쌓아놓고 싶어한다. 이는 불행을 끌어들이는 욕심일 뿐이다. 새로운 운명이 들어설 공간을 만들어놓고 살아야 한다. 현재의 자신의 모든 힘이 오로지 미래를 위해서 쓸 수 있도록 정비해두어야 하는 것이다. 세수하고 목욕하고 짐을 정리하고 청소를 해두는 것도 미래에 대한 정비작업중 하나이다.

# 작은 기회와
# 큰 기회

**인생을 통해 행운을 잡을 기회는 누구에게나 있을 것이다.** 그것
은 바로 인간의 특권이다. 인간에게는 저마다의 능력이 있고 또한
오늘날 사회는 많은 기회를 제공하고 있다. 사람이 아주 큰 문제가
없는 한 성공의 기회는 누구에게나 널리 열려 있는 것이다. 이점은
매우 중요하다. 아프리카의 경우 근로환경이 한국처럼 충분하지 않
다. 따라서 그곳에 뿌리를 내리고 사는 사람은 한국인처럼 기회가
많지 않을 것이다. 전문가들이나 외국생활을 많이 해본 사람들은
우리나라가 세계에서 가장 살기 좋은 몇몇 나라에 속한다고 말한
다. 참으로 다행한 일이 아닐 수 없다.

이제 좋은 환경에서 살고 있는 우리들에게 기회란 과연 어떤 것
인가를 심도 있게 살펴보자. 어떤 기회가 있을까? 일확천금, 갑자

기 엄청난 부자가 되는 일이 있을까? 있을 수 있다. 그러나 그런 일은 사회 전체를 통해 그리 많지 않다. 더구나 그런 기회가 내게 꼭 찾아온다는 보장도 없다. 허망한 꿈을 꾸어서는 안 된다. 세상에 아주 드문 기회만을 바라보며 사는 사람은 평생 기회를 잡을 수 없을 것이다. 사람은 무엇보다도 분수를 생각해야 한다. 내게 아주 큰 기회가 있을까? 있을 수도 있다. 그러나 이를 반드시 큰 기회가 있을 것이다라고 생각하면 안 된다. 이런 생각을 하면서 사는 사람은 자기 스스로 큰 기회를 막아놓고 사는 사람이라 할 수 있을 것이다. 내가 도대체 어떤 존재이기에 엄청난 기회가 찾아올 것이라고 믿는가? 이는 참으로 방정맞은 생각으로 이 때문에 평생 궁색해질 수도 있다. 나무 밑에 누워서 과일이 우수수 떨어지기만을 기다리는 것과 무엇이 다르겠는가!

세상에는 그럴듯한 사건이 생기는 법이지 얼토당토않게 큰 기회가 반드시 내게 오는 것이 아니다. 큰 기회란 세상에 매우 드물고 그것이 내게 알맞게 찾아올 것이라는 꿈은 진작부터 접어두어야 한다. 미래의 희망은 분수에 맞고 세상 섭리에도 맞아야 하는 것이다. 이렇게 하는 것이 진정 기회를 잡는 방법이라는 것을 잊어서는 안 된다. 어떤 기회를 말하는가? 그것은 이렇다. 적당한 기회! 이뿐이다. 거창하지 않아도 좋다. 세상에 망하는 사람이 얼마나 많은가!

거대한 기회가 아니더라도 기회가 주어진다면 이는 크게 다행한 일이 되는 것이다. 먼저 생각해야 할 점이 바로 이것이다. 크지 않아도 좋을 기회! 이런 기회는 누구에게나 있는 법이다. 따져보면 상당히 많다. 인생은 그런 기회를 찾아가는 소박한 여행이라고 생각해두면 된다. 이런 사람에게는 실은 많은 기회가 찾아오는 법이다. 이점에 주안점을 두고 좀 더 진행해보자.

　논의한 내용의 요점은 기회는 반드시 거대한 것은 아니라는 것이다. 인생에 있어 당연히 기회는 있다. 단지 그것이 거대한 것이 아니라는 것을 깊게 명심해두어야 할 것이다. 그렇다면 운을 경영하는 것은 그리 어렵지 않다. 자그마한 기회라도 놓치지 않고 챙겨나가면서 큰 기회를 노리면 된다. 손자는 말했다. 지지 않을 자리에서서 적이 패할 때를 기다린다고…… 여기서 지지 않을 자리란 바로 작은 기회라도 놓치지 않는다는 것을 뜻한다. 만약 큰 기회를 기다린다면서 작은 기회를 매번 방치한다면 인생에 있어 기회는 영원히 찾아오지 않을 것이다. 그리고 적이 패할 때를 기다린다는 것은 다름 아닌 큰 기회를 엿본다는 뜻이다. 물론 참고 기다리면 큰 기회가 반드시 온다는 뜻이 아니다. 큰 기회란 올 수도 있고 안 올 수도 있다. 그렇기 때문에 항상 자그마한 기회라도 놓치지 않아야 한다는 것이다.

다시 말하면 이렇다. 운명의 경영은 작은 기회를 꾸준히 챙기면서 큰 기회를 기다려본다는데 있다. 물론 큰 기회가 오지 않아도 어쩔 수 없다. 그러나 그동안 작은 기회를 놓치지 않았다면 그것이 쌓이면 큰 기회 못지 않을 것이다. 그리고 또 있다. 실은 지금 말하고자 하는 것이 가장 중요한 내용이다. 작은 기회라도 놓치지 않고 꾸준히 획득해나가는 것은 그 자체의 축적된 이익을 챙기자는데 목적이 있는 것이 아니다. 실은 작은 기회를 여러 번 잡게 되면 큰 기회가 찾아오는 섭리가 있다. 우리의 영혼은 작은 기회를 많이 포착할수록 큰 기회를 만들어내는 능력이 있다. 작은 기회를 놓치지 않는 것은 큰 기회를 만드는 중요한 기술이다. 작은 기회는 참으로 중요하다. 막연히 큰 기회만을 기다리는 것은 오히려 큰 기회를 오지 않게 만드는 결과를 초래한다. 천리길도 한걸음부터라는 말도 있듯이 작은 기회로 시작하여 큰 기회로 나아가는 것이다.

# 약속을 300번 어긴 친구

**학창시절 때 얘기이다.** 당시 친하게 지내는 급우가 있었는데 그 아이에 대한 기억은 평생 지울 수가 없다. 그는 착한 아이였고 공부도 잘했고 건강했다. 다만 약속을 잘 지키지 않는 단점이 있었다. 그 친구는 모든 면에서 재주가 많았지만 유독 약속을 안 지키는 그 모습은 당시 나로서는 정말 의외였다. 나는 그가 약속을 안 지킬 때마다 꼼꼼히 날자와 시간까지 기록해보았는데 무려 300회나 되었다. 이후 기록은 더 이상 하지 않았지만 계속 기록했다면 3,000번도 넘었을 것이다. 끔찍할 정도로 좋지 않은 습관이라고 봐야 하겠지만 그와의 친분은 유지했다. 그는 약속을 지키지 않는다는 것 외에는 성품이 괜찮아 보였기 때문이었다. 훗날 나는 동양학을 공부하면서 그가 부족했던 것을 확실히 알게 되었다. 그는 신의가 없었던 사람이었던 것이다. 옛 성인은 인간의 덕목을 다섯 가지 즉 인의예

지신으로 나누었던바 그가 결여된 것은 신(信)이라는 덕목으로 주역에서는 토(土)의 덕에 해당되는 것이었다. 이것은 모든 덕에 우선하는 것으로 이것이 없으면 모든 것이 의미가 없어진다. 만물은 땅에 의해서 존재하듯 인간의 모든 덕목은 토(土) 즉 땅의 덕인 신(信)에 의지하는 것이다. 만약 어떤 사람의 신뢰의 덕이 없다면 그는 만가지 인격이 있다 해도 그 모든 것은 필요 없다는 뜻이다. 그런 사람은 인간의 탈을 쓴 사악한 귀신에 해당될 것이다. 이런 사람이 세상에는 참으로 많다. 무서운 세상이다.

신용이 없는 사람이 얼마나 많은 죄를 짓고 살아가는가! 그런 사람은 항상 남을 속이고 피해를 주며 살아가고 있는 것이다. 약속을 지키는 일은 아주 중요하다. 약속이란 인간과 신(神)만이 할 수 있는 것이고 동물은 절대 할 수 없는 일이다. 그런데 약속이란 과연 무엇일까? 이는 시간을 아우르는 작용이며 동물에는 이런 기능이 없다. 동물에게는 현재만 있을 뿐이다. 그러나 인간은 미래와 과거를 한데 엮어서 행동하는 것이 가능하다. 오늘날 인류의 문명은 신용으로 이룩되어 있는 바 경제분야의 모든 계약이 바로 이것이다. 약속을 남발하고 그것을 항상 지키지 않는 사람은 인류사회에서 퇴출되어야 마땅할 것이다. 이들의 삶이 무책임하고 거짓이기 때문이다. 약속을 지키지 않는 사람이 남에게 끼치는 해로움은 이루 헤아

릴 수 없을 것이다.

　그럼 여기서 그들의 운명에 대해 살펴보자. 약속을 지키지 않는 사람이 바로 우리 자신일 수도 있으니 경고하기 위함이다. 약속이란 것은 주역의 괘상으로 표현하면 풍뢰익(䷩:風雷益)에 해당되는데 뿌리가 있고 그 위에 나무가 자란다는 뜻이다. 물론 약속이 지켜질 때를 말한다. 약속을 하는 것은 과거의 일이고 그것이 실행되는 것은 미래의 일이다. 약속은 시간을 초월한 인격자의 행위로 과거에 뿌리를 두고 미래의 나무로 자라나는 모습인 것이다. 반면 약속을 지키지 않는 사람은 나무의 뿌리를 뽑아버렸다는 형상이므로 나무는 자랄 수가 없다. 즉 미래가 없다는 뜻이다. 이렇기 때문에 약속을 자주 어기는 사람은 미래가 보장되지 않는 것이다. 이런 사람에게는 좀처럼 기회가 오지 않고 기회가 온다 해도 실패로 끝나게 된다. 인간의 약속이란 인간끼리 하는 것이지만 한편으로는 하늘과 하는 약속이기도 하다. 모든 약속은 일단 하늘과 한다는 뜻이 있는 것이다. 그래서 약속을 어기는 것은 하늘을 속이는 의미이므로 하늘은 이 사람에게 미래를 열어줄 리 만무하다. 하늘을 실망시켰으니 하늘도 인간에 벌을 줄 수밖에 없다. 이는 평생 기회를 잡지 못하는 사람이 되었다는 뜻이다.

따라서 평생 약속을 잘 지키는 사람은 그만큼 미래의 기회가 많을 수밖에 없다. 운명이란 사람의 행실과 밀접한 관계가 있는 법이다. 사람과의 약속은 하늘과의 약속이라는 것을 깊게 깨닫고 엄중히 실행하여야 한다. 그런 사람이라면 미래의 좋은 기회는 반드시 찾아올 것이다.

# 사업의 조건

**언젠가 나는 어떤 사업가를 만난 적이 있다.** 그는 내게 동업자에 관해 자문을 구했는데 그에게는 최근 함께 사업을 하자고 청하는 사람이 여러 명 있다고 했다. 그는 누구와 사업을 하는 것이 좋은지를 물었던 것이다. 물론 운명에 관한 것이었다. 그는 사업에 관한 폭넓은 전문가였기 때문에 무슨 사업을 하든 상관없었지만 함께 사업할 사람을 신중히 선택하고 싶었던 것이다. 나는 사업의 내용은 자세히 몰랐지만 사람은 판단할 수 있었기 때문에 어렵지 않게 대답해주었다.

"사업할 사람을 선택하는 데는 두 가지 조건이 있습니다······ 첫째 그 사람이 궁상맞은 사람인지 아닌지를 잘 구분해야 합니다."

그는 반문했다.

"궁상맞다는 말이 무슨 뜻인지요?"

나는 대답했다.

"어렵게 생각할 것 없습니다. 그를 봤을 때 궁기가 있느냐 없느냐를 보면 됩니다. 궁이라는 것은 전문가가 아니라도 알 수 있습니다. 척 봐서 가난이 몸에 배어있느냐를 보는 것입니다. 왠지 재수가 없어 보인다거나 비굴해 보인다거나 돈하고 거리가 있어 보인다거나 부티가 나지 않다거나 하는 등 입니다. 궁상 맞은 사람은 돈 벌기 쉽지 않습니다. 사람은 돈 벌기 전에 궁기를 먼저 제거해야 합니다. 궁기가 있는 사람은 돈이 피해 갑니다. 사업내용을 중시하지 말고 궁색한지 아닌지를 먼저 살펴보는 것입니다. 삼성의 이건희 회장이 한 말이던가…… 돈 벌어 부자가 되는 것이 아니라 부자가 먼저 되고 돈을 버는 것이라고…… 이 말이 그 말입니다. 몸과 마음에 궁기가 차있으면 사업은 하나마나입니다. 무조건 돈을 못 버는 것이지요. 즉 이런 사람과 함께 사업을 한다면 당신에게도 궁기가 전이될 수 있습니다. 사람을 잘못 만나면 당장 그 사람과의 일뿐 아니라 다른 앞날에도 지장이 있습니다. 속담에 재수 옴 붙었다는 말이 있는데 이는 궁기 있는 놈과 오래 붙어 다니면 그렇게 된다는 뜻입니다."

나는 여기까지 얘기했는데 그는 잘 이해했고 다시 질문했다.

"잘 알겠습니다. 다음 조건은 무엇입니까?"

나는 저속한 표현으로 답해주었다. 그래야 이해하기 쉽기 때문이었다.

"사업파트너로서 두 번째 조건은 그 사람이 싹수가 있느냐입니다. 싸가지가 없는 놈은 이익을 분배하는데 경우가 틀려먹었고 나중에 반드시 배신합니다. 돈을 실컷 벌어놓고도 당신에게 돌아오는 것이 없을 것입니다."

그는 미소를 지으며 끄덕였다. 확실히 알았다는 뜻이다. 여기서 중요한 것이 또 있다. 남을 평가할 때 궁기와 싸가지를 보는 것이지만 이것은 나 자신에게도 해당되는 것이다. 즉 나는 궁기가 없는 사람인가? 그렇다면 사업을 연구하지 말고 궁기를 먼저 털어내야 한다. 방법은 무수히 많지만 쉽게 얘기하자면 이렇다. 비굴하지 말고 쩨쩨하게 굴지 말아라. 궁기가 철철 흐르는 사람의 예를 들어보자. 어떤 사람이 있었는데 그는 젊고 건강했고 제대로 된 직장도 있었다. 그리고 그는 이곳저곳을 많이 다녀본 사람이었다. 그래서 그런지 그는 식당을 많이 알고 있었다. 그 사람은 자신이 전국에 있는 많은 식당을 가봤다는 것이다. 그리고는 자랑스럽게 여러 식당을 소개하기 시작했다. 그것은 무려 200곳이 넘었다.

그런데 더 기막힌 것이 있었다. 그가 소개한 모든 식당은 아주 가격이 저렴하다는 것이다. 당시 한 끼 식사값이 사천원 가량 되었는데 그가 소개한 식당들은 천원~천오백원 정도였다. 확실히 싸긴 했다. 그러나 그는 어째서 그런 식당을 소개하고 자랑하는가? 거지 귀신이 붙었는지 오늘도 더 싼 식당을 찾아 나서겠다는 것이다. 이는 한마디로 말해 궁상맞은 짓이다. 그의 운명은 어떻게 될까? 그는 젊은 나이에 직장을 잃고 이제는 진짜로 값싼 식당만 전전하는 신세가 되었다. 사람의 운명을 파악하는 것은 그리 어렵지 않다. 그냥 몇 가지 행실을 보면 대출 견적(?)이 나오는 것이다.

이제 다룰 얘기는 싸가지 문제인데 이는 더욱 간단히 알 수 있다. 괜히 싫은 사람은 분명 싹수가 없는 것이다. 당연히 상종할 일이 아니다. 그런데 여기서 가장 중요한 것은 나 자신이 그런 사람인지 아닌지를 판단하는 것이다. 대개 사람들은 남의 잘못 한 가지만 있어도 즉각 파악하는데 자기 자신의 부족함은 백 가지가 되어도 잘 모르는 법이다. 이런 사람이 도대체 인생의 어떤 기회를 잡겠다는 것인가?

# 기회의 수련

**지금까지 살펴본 바에 의하면** 운명의 기회를 잡는다는 것은 어떤 특별한 방법에 있는 것이 아니라 사람에게 그것이 있다는 것을 보여준다. 그렇기 때문에 기회를 잡는 방법을 연구하기보다는 그런 사람이 되기 위해 노력해야 한다는 것이다. 다시 부언하자면 기회를 잡는다는 것은 그 사람의 운명이라는 것이니 운이 좋은 사람이 되어야 한다는 것뿐이다. 실제 그렇다. 운명의 기회는 순간을 기다렸던 사람에게 오는 것이 아니고 운 좋은 사람에게 찾아오는 법이다. 이 말이 막연한가? 그렇지 않다. 운 좋은 사람이 되는 법은 분명히 밝혀져 있다. 다만 그것이 한순간의 마음먹기에 달린 것이 아니고 지속적인 연마가 필요하다는 것이다. 육도삼략에 이런 말이 있다. "평소에 은혜를 축하여 의함을 제한다……" 이 말은 무슨 일이든 평소에 갈고 닦아서 때에 이르게 되면 그것을 이룩할 수 있다는 뜻이다. 운명이 좋은 사람이 되려면 평소에 꾸준히 노력해야 그렇게 될 수 있는 것이지 태평하게 지내서는 운명의 기회는 오지 않는다. 축구경기만 해도 그렇다. 평소 훈련이 잘되어 있는 사람에게는 기회가 찾아온다. 기회를 놓치지 않는다는 뜻이 아니다. 훈련이 잘되어 있는 사람은 기회 자체가 저절로 찾아온다는 뜻인 것이다.

물론 저절로 찾아온 기회를 성공으로 이끌어 가는 것은 그 사람의 실력이다. 하지만 실력보다 기회를 먼저 나타나게 만들 수 있는 능력이 중요하다. 이는 그 사람의 평소 마음가짐에 달려있다. 또는 그 사람의 인격이라고 해도 좋을 것이다. 재수가 나쁜 사람은 수양이 덜 되어 있는 사람이고 따라서 운명의 기회는 없다. 기술을 익히는 짧은 기간에도 가능할 수 있다. 그러나 운수 좋은 사람이 되기 위해서는 끝없는 수련이 필요하다. 공자는 주역에서 이렇게 말한 바 있다. 군자는 스스로 강해지기를 쉬지 않는다고. 물론 여기서 강해진다는 것은 인격이고 운명이다. 모든 것은 마음에서 이룩되는 것이다.

그런데 여기서 중요한 것이 있다. 운명은 어떻게 해야 좋아지는가? 이것은 마음가짐뿐 아니라 평소의 행동도 아주 중요하다. 예를 들어 평소 옷을 단정하게 입는 사람이 있다. 수 십년 동안 그렇게 해왔다. 이는 운명에 어떤 영향이 주어질까? 좋은 운명이 주어질 것이다. 옷이란 오로지 나 편리하기 위해서만 입는 것이 아니다. 여기에는 남에 대한 배려가 있는 것이다. 옷을 아무렇게나 편리하게 입는 것은 자기 자신에게 편할지는 모르나 남의 기분을 언짢게 할 수 있다. 품격 있는 옷은 사람과 만났을 때 그 자리를 아름답게 한다. 이는 매우 중요한 것으로 공자도 평생 옷을 단정하게 입었다. 공자는 이렇게 말했다. 그가 의로운 사람이라면 길을 함께 갈 수 있으나 예의가 없는 사람이라면 문을 열어줄 수는 없다고…… 옷이란 문화이고 예의이며 그 사람의 얼굴이다. 항상 단정하다면 어찌 운명이 좋아지지 않겠는가!

또 어떤 사람을 보자. 이 사람은 남에게 선물 한 번 해준 적이 없고 대접도 해본 적이 없다. 항상 얻어먹기만 하는 것이다. 이런 사람이 운명의 기회를 잡을 수 있을까? 절대 그럴 리 없다. 설사 이런 사람이 잠깐 운이 좋다고 해도 결국 다른 재앙을 맞이하게 될 것이다. 운명은 그 사람의 역사에 의해 만들어지는 법이다. 훌륭한 인생의 역사를 지낸 사람은 항상 기회가 남아있다. 그렇기 때문에 마지막 순간에 좋은 마음을 가졌다 하더라도 긴긴 지난 세월 동안 어떻게 살아왔느냐가 더욱 중요하다. 그러니까 언젠가 기회를 잡는 사람은 오랜 세월 동안 고운 행동을 하면서 살아온 것이다. 하루하루

귀하게 아름답게 강하게 산다는 것은 그 자체가 기회를 만드는 행위에 해당된다. 그저 오늘, 지금 행동을 살펴봐야 한다. 나의 평소의 행동이 과연 좋은 운명을 끌어올까? 이런 생각을 해야 한다. 아무렇게나 살지 말고 인생 전체를 아름답고 위대하게 만들어야 한다. 이렇게 하면 기회는 반드시 오게 되어 있고 최소한 불행은 피해 갈 수 있는 것이다. 결론을 얘기하면 기회는 한순간에 잡는 것이 아니라 오랜 세월을 몸과 마음의 수련으로 잡는 것이다.

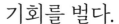
# 기회를 벌다.

**전 장의 논의를 좀 더 이어가 보자.** 앞에서 운명의 기회가 생기는 사람은 꾸준히 노력한 사람이라는 것을 배웠다. 이는 마치 자본금을 모으기 위해 적금을 붓는 것과도 닮아있다. 그러나 이것은 역사일뿐 돈처럼 재물이 쌓이는 것은 아니다. 하지만 기회를 모아 온 것이니 돈을 모아놓은 것보다 더 큰 가치가 있을 것이다. 기회라는 것은 한 번 찾아오면 그것을 활용하여 큰돈을 벌 수도 있기 때문이다. 그렇기 때문에 인생이란 무엇보다도 기회를 잡기 위한 노력이 필요한 것이다. 그리고 그 노력이란 것은 훌륭한 세월을 지내왔다는 것을 의미한다. 다시 강조하지만 기회란 차곡차곡 쌓여서 생기는 것이다. 이것은 절대로 우연히 생기지 않는다. 그러므로 하루하루를 소중하게 보내야 한다. 그것은 미래에 반드시 기회로 이어지게 되어 있는 법이다. 여기서 나의 이야기를 잠시 해보자.

나는 과거 어느 시점에선가 미래를 생각해 본 적이 있다. 이때 나는 인생에 어떤 기회가 생기기를 기대했던 것이다. 그리고 이어서 기회를 어떻게 잡느냐 하는 생각을 해 봤는데 여기서 하나의 깨달음을 얻었다. 다름 아닌 기회라는 것은 무작정 기다려서 생기는 것이 아니고 기회가 오도록 만들어야 한다는 것이다. 그래서 그렇게 하기로 했다. 나는 주역전문가로서 하루하루 의미있는 시간을 만들기 시작했던 것이다. 유명해지거나 당장 돈을 벌겠다는 것은 아니었다. 오로지 기회 즉 행운이 오게 만들겠다는 것이다.

어떻게? 방법은 무수히 많다. 아름답고 귀하게 살면 되는 것이다. 그렇게 살아가면 그 시간은 어떤 새로운 길을 탄생시킨다. 기회가 오지 않을 수 없게 된다는 뜻이다. 소위 말해서 상서롭게 행동하면서 살면 반드시 그에 준하는 사건이 생긴다는 의미이다. 이렇게 생각하며 살아가니 하루하루가 조심스럽기도 하고 보람도 있었다. 어떻게 좀 더 알찬 시간을 보내느냐는 자기 자신을 평가하는 능력에 달려있다. 대부분 사람은 순간의 이익 때문에 자신의 결점을 눈감아 버린다. 예를 들어 친지와 만났을 때 몹시 반가워하면서 경비는 상대방만 쓰도록 하는 행위는 매우 어리석다. 한두 번이 아니라 매번 그렇게 한다면 이런 사람은 진정한 친구도 미래도 없다. 하늘도 그에 상응하는 운명을 주기 때문이다.

옛 성인이 말했다. 사람에게 축적해 놓은 공이 있다면 그것은 반드시 하늘이 보상해준다고…… 기회란 하늘이 주는 상이다. 이것을 사람들은 행운이라고 말하고 또한 우연히 굴러들어 온 것이라고 생각한다. 그러나 그것은 절대 그렇지 않다. 이 세상에 우연이란 것은 없다. 그 어떤 것이라도 원인이 있으며 갑자기 찾아온 기회도 실은 자기도 모르는 사이에 쌓이고 있었던 것이다. 나는 이것을 주역에서 배웠다. 그리고 뒤늦게 실천으로 옮겼다. 그랬더니 이상하게도 기회가 생기는 것이 아닌가! 실은 이상하게 생각할 필요가 없었던 것이다. 콩 심은 데 콩 나는 것처럼 당연할 뿐이었다.

나는 오랜 세월동안 좋은 운이 쌓이는 노력을 멈추지 않았다. 위대하고 거창한 일을 성취했다는 뜻은 아니다. 그저 나 자신의 한계 내에서 열심히 노력했을 뿐이었다. 나는 항상 자신에게 묻는다. 지금 하는 짓이 하늘이 칭찬할만한 일인가? 아니면 당장의 이익을 챙기기 위해 귀한 자세를 팽개친 것인가? 나는 올바른 생활이 좋은 미래를 이끈다는 것을 믿기 때문에 항상 성실하려고 노력했다. 나는 그렇게 해서 좋은 기회를 많이 잡았다. 지금도 더 큰 기회를 잡기 위해 매 순간마다 최선을 다한다. 절대로 방심하지 않는다. 기회를 잡는다는 것은 그런 사람이 된 후에도 실제로 밖에 나아가 살펴봐야 한다는 의미이기 때문이다. 간단히 요약하면 먼저 사람이 되

고 기회를 기다려야 한다는 것이다. 늘 자신의 이익만 추구하는 사
람에게는 기회가 오지 않는 법이다.

# 다시 확인

**이제 논의를 마칠 때가 된 것 같다.** 운명의 기회는 매우 어려운 명제이기 때문에 단순하게 이해되지는 않을 것이다. 그러나 여기까지 오면서 기회를 포착하는 다양한 길을 제시했다. 무엇보다도 중요한 것은 기회라는 것이 잘 기다렸다가 잽싸게 낚아채는 것이 아니라는 것이다. 기회는 아무에게나 우연히 나타나는 것이 아니다. 기회는 그럴 만한 사람에게 필연적으로 나타난다는 것이다. 이런 사실에 대한 신념이 있는 자라면 기회가 다가오는 것을 느낄 것이다. 이는 어느덧 초조함은 사라지고 기회를 만들어 내는 깨달음에 도달했다는 것을 의미한다. 이제 기다리면 된다. 물론 사방을 살피며 작은 기회마저 포착한다면 더욱 좋은 일이다. 다만 사람에 따라 나이에 따라 기회는 천차만별로 나타난다. 그러나 그러한 운명을 맞이하게 되는 것은 전적으로 평소의 수련에 달려 있는 것이다.

어디까지나 스스로에게 책임이 있다는 의미이다. 나의 경우는 나의 깨달음, 나의 신념, 나의 이론이 실제로 적용되는지 임상을 거쳤다. 그리고 성공했다. 나는 내게 기회가 아직 오기 전인데도 많은 사람에게 장담했다. 나에게 분명히 좋은 운명이 나타날 것이다. 왜냐하면 나는 그것을 수련하기 때문이라고…… 그리고 지금에 와서는 이러한 책을 쓰기에 이르렀다. 많은 사람이 내게 물어왔다. 당신의 이론을 당신에 시험해봤느냐고!…… 나는 그렇게 했고 나의 생각이 맞는다는 것을 입증했다. 어쩌다 한 번 우연히 기회를 잡은 것이 아니다. 나는 번번이 기회를 잡았던 것이다.

기회란 나타났을 때 잡는 능력보다 기회가 저절로 나타나게 하는 것이 기술이고 능력이다. 이는 영혼의 힘이고 열심히 수련해서 도달한 경지이다. 나는 현재 운명이 나쁜 사람을 보고 항상 애처롭게 느낀다. 그리고 또한 이렇게 생각했다. 바로 앞에 길이 있는데 왜 그 길을 가지 않는가 하고…… 신념을 가지고 운명의 기회를 기다려야 한다. 물론 몸과 마음의 행위가 선행 되어야 한다. 독자여러분께 이 책에서 제시한 다양한 이론을 믿고 실천해보기를 경건한 마음으로 권하고 싶다. 그리하여 성공하기를 기원한다. 아직까지 방법이 잘 이해되지 않는 사람이라고 해도 무엇인가 운명의 기회를 잡으려고(만들려고) 노력한다면 그 자체가 좋은 방법이 될 것이다.

몰라도 무조건 운명의 기회를 잡는 사람이 되라는 것인데 그런 사람이 되는 것은 어렵지 않다. 우연이란 단어는 잊어버려야 한다. 기회가 우연히 나타날 것이라는 믿음은 실은 기회가 나타나지 못하게 하는 행위이다. 씨를 뿌리지 않은 논밭에 무엇이 자라날 수 있겠는가!

어렵게 생각할 것은 없다. 어떻게 하면 운명의 기회가 나타날까를 생각하는 정도로도 기회가 생기는 법이다. 공자는 말했다. 군자는 운명을 두려워한다고…… 이는 운명에 대한 조심과 경건함을 가르친 것인데 마음의 자세를 바로 잡으라는 뜻으로 이해하면 된다. 그렇게 하면 반드시 운명의 기회는 나타나게 마련이다. 자신의 운명을 고칠 수 있다는 생각이야말로 운명을 고치는 방법이다. 닥치는 대로, 생각나는 대로 실행해보면 된다. 독자여러분의 성공을 기원하면서 여기서 이만 논의를 끝내야겠다.

부록

# 주역사주

    부록으로 제공된 괘상의 실제적 운명해설을 가지고 사주를 계산하는 방법을 얘기하자. 이것은 기존의 사주방식과 조금 다른 주역에서의 독특한 방법이다. 먼저 설명할 것은 문왕 8괘도인데 이것이 주역사주에 쓰이는 괘상도이다. 괘상도는 다음과 같다.

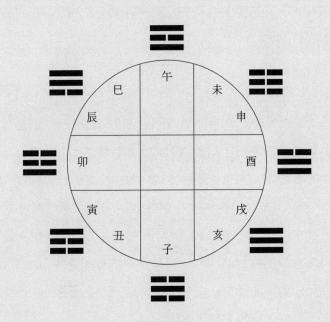

이 그림에서 바깥둘레에 배치된 것이 문왕 8괘도이고 안쪽에 있는 지지는 기존 12지지도이다. 먼저 태어난 해에 지지를 보자. 가령 소띠라고 하면 〓인 바 이는 그대로 사주에 쓰이는 괘상이다. 말띠의 경우는 〓가 배당된다. 지지모두를 띠로 보면 子 쥐, 丑 소, 寅 호랑이, 卯 토끼, 辰 용, 巳 뱀, 午 말, 未 양, 申 원숭이, 酉 닭, 戌 개, 亥 돼지이다. 이것을 가지고 괘상을 찾는 것이다. 가령 닭띠라고 하면 〓이 되고 소띠나 호랑이띠는 〓이다. 용띠나 뱀띠는 〓이다. 양띠 원숭이띠는 〓이고 개띠 돼지띠는 〓이고 〓은 쥐띠이다. 어떤 띠는 두 개가 한 개의 괘상을 이룬다는 것을 주목해두어야 한다.

다음은 태어난 달을 보는 것인데 11월이 子이고 이어 丑 12, 寅 1, 등으로 이어진다. 이제 띠와 태어난 달을 괘상으로 만드는 법을 알았다. 다음은 태어난 날을 계산해야 하는데 우선 음력으로 날짜를 알아야 한다. 그리고 이것을 2.5로 나눈다. 가령 7일에 태어났다면 7÷2.5=2 그리고 나머지 2가 된다. 이제 앞에서부터 세면 된다. 나눈 값이 2이므로 子丑이고(子부터 이어 세는 것이다) 나머지는 몇이 나오든 그것은 1개로 친다. 그러면 나머지는 寅이 된다. 7일에 태어난 사람은 寅이 되고 그에 해당하는 괘상은 〓이다. 날짜부분이 기존 사주법과 다른 것이다.

기존 사주의 태어난 날의 지지는 잊어버리고 날짜를 무조건 2.5로 나누는 것이다. 가령 3일이면 1하고 0.5가 남는다. 1은 子이고 나머지는 무조건 1개로 친다. 그래서 丑이 된다. 4일에 태어난 사람도 丑이고 5일에 태어난 사람도 丑이다. 2.5로 나눈 숫자가 2이거나 또는 1하고 나머지가 있기 때문이다. 6일에 태어난 사람은 2하고 1이 남는다. 그래서 2는 子丑이고 나머지는 그 다음인 寅이 되는 것이다. 11일에 태어난 사람은 어떨까? 11은 2.5로 나누면 4와 나머지 1이 된다. 그래서 4는 子丑寅卯가 되고 여기에 추가로 나머지 한 개를 더하면 된다. 나머지는 값이 무엇이든 1개로 치는 것이니 4다음인 辰이 된다. 이렇게 해서 날짜의 주역지지를 알게 되었고 이것으로 문왕 8괘에 대입하여 괘상을 정한다. 태어난 시는 그 자체로 이미 지지가 있으니 그것을 사용해서 괘상을 정하면 된다.

이제 연월일시 모두를 지지(地支)로 바꾸었고 이것으로 괘상 4개를 뽑았다. 다음부터는 쉽다. 이것을 층으로 배치하면 된다.

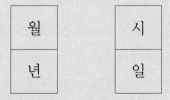

가령 소띠에 5월이고 22일이고 酉시라면 소띠→ ☷, $22 \div 2.5 = 8$ 과 나머지 2이다. 그래서 子丑寅卯辰巳午未 8개 다음인 申이 된다. 申은 ☷에 해당되므로 일에 ☷을 쓰면 된다. 태어난 시는 酉시 이므로 이것은 그대로 ☲이다. 따라서 사주는 ☲☷가 된다. 이렇게 나온 괘상은 부록의 괘상해설을 보면 된다. 괘상이 두 개가 나오는데 이 두가지 괘상속에 그 사람의 운명요소가 다 들어있는 것이다. 이는 운명의 대강을 보는 방법이다.

# 64괘

**건위천**
**(乾爲天)**

기운이 최고조에 달해 만사형통입니다. 시험에는 합격하고 취직은 성공합니다. 스포츠나 경쟁, 도박 등은 승리합니다. 주식은 일시적으로만 오릅니다. 남자라면 연애 성공, 여자는 실연당할 것입니다. 자동차 여행은 금물, 남과 다툴 우려가 많습니다. 지나치게 기운이 넘치기 때문이지요.

젊은 사람의 경우 병은 완전히 회복됩니다. 나이 든 사람은 위험합니다. 활동영역이 극대화됩니다. 일감이 많이 생깁니다. 여자는 몸의 상처에 주의하십시오. 큰 일에는 아주 좋고 작은 일에는 별로입니다. 금전 융통은 안 되지만 정신적인 일에는 최고입니다. 일이 척척 풀려나갑니다. 하지만 짧습니다.

오해는 해소되고 명예를 얻습니다. 선거에는 최상입니다. 여자가 생깁니다. 물건이나 자동차 등 고장에 주의 요망, 곤란할 때를 대비하십시오. 인사의 시기라면 승진합니다. 발명, 발견, 학술 등은 성공할 가능성이 아주 높습니다. 권력, 권리 등이 커지고 재판에서도 승리합니다.

로또 복권을 사보십시오. 높은 곳에 이르면 조심해야 합니다.

# 2

곤위지
(坤爲地)

평화가 깃듭니다. 여성에게 좋은 일이 많습니다. 금전, 물질이 풍부해집니다. 정신적인 일은 막힐 것입니다. 병은 오래 갑니다. 주식은 빨리 파는 게 좋습니다. 남자는 사랑에 실패, 여자는 남자가 나타납니다. 경쟁에서는 패배, 진급도 안 됩니다.

송사(訟事)는 금물, 이길 수 없습니다. 새로운 일을 시작해서는 안 되지만 하던 일은 꾸준히 잘 됩니다. 사업은 일정 상태를 유지할 뿐 발전이 이루어지지 않습니다. 기다리면 좋은 일이 있고, 나서면 실패합니다. 감정에 빠집니다. 지나치면 손해, 부동산 운은 최고입니다.

여자라면 기분 좋은 일이 생깁니다. 임신 중이라면 여자를 생산합니다. 명예보다는 실질을 얻습니다. 선두에 나서면 안 됩니다. 진급은 안 되고 일감은 많아집니다. 인내는 행운의 열쇠, 조급하면 되던 일도 실패합니다. 입원할 일이 생길 수도 있습니다.

1인자는 짜증날 일이 많습니다. 중매는 좋고 연애는 실패합니다. 찬성하면 성공하고 반대하면 후회가 생깁니다. 무조건 남의 의견을 따르면 행운이 옵니다. 육체의 힘보다는 정신력이 더 필요할 때입니다. 대리인을 내세우면 일이 성사됩니다. 공부를 더 해야겠습니다. 지도자를 모시는 것이 필요할 것입니다.

**3**

**수뢰준**
**(水雷屯)**

도전의 시기입니다. 난관은 많으나 결실이 있습니다. 적이 많으니 조심하십시오. 연애는 고통이 많으니 일찌감치 접는 게 상책입니다. 멀리 가면 사고가 생깁니다. 운전은 위험합니다. 주식 값은 크게 떨어집니다. 사업은 이익이 분명해집니다.

임신 중이면 득남입니다. 스포츠나 경쟁에서는 어려움이 계속됩니다. 재판에서 패배합니다. 진급은 안 됩니다. 많은 오해가 생길 수 있으나 결국에는 해소됩니다. 고통은 나중에 확실히 보상받게 됩니다. 고독이 증대됩니다. 외부의 도움은 없습니다.

정신적, 물질적 위기. 병은 오래 가지만 회복됩니다. 걸려온 싸움은 승리하지만 내가 건 싸움은 실패합니다. 어렵지만 강행하십시오. 나를 먼저 지킨 후 남을 신경 쓰십시오. 지금은 지루한 봄날입니다. 하지만 여름은 옵니다. 각종 사건 사고가 발생하니 심심하지는 않겠습니다.

방심은 금물, 작은 일이 시끄러워집니다. 지금은 혼란의 시기입니다. 사방에 적이 나타납니다. 친구들에게 따돌림 받습니다. 사업은 불황의 늪에 빠졌습니다. 멀리 나가면 사고의 위험이 있습니다.

**4**

**산수몽**
**(山水蒙)**

힘들게 일했어도 공이 없습니다. 고립에 빠질 운입니다. 친구가 떠납니다. 사업은 약간 개선됩니다. 오래 기다려야 해결됩니다. 진심이 통하지 않습니다. 연애는 실패. 일은 마무리되나 수익이 적습니다. 휴식이 절대 필요합니다.

사고를 당할 수 있습니다. 욕심을 줄이면 조금은 얻습니다. 망설이게 되고 공연한 불안, 공포가 옵니다. 사업은 시작할 때가 아닙니다. 경쟁에서 패배하니 도전은 안 됩니다. 전문가의 조언이 필요합니다. 도무지 전진이 안 됩니다. 주식은 사면 안 됩니다. 자영업은 실패, 직장생활은 평온합니다. 멀리 봐야 합니다. 금전 융통은 안 됩니다.

자식을 기르거나 아랫사람을 지도하면 좋은 일이 있을 것입니다. 미련 때문에 손해를 봅니다. 오해를 할 소지가 있군요. 이해심을 넓히세요. 건강은 서서히 회복됩니다. 난관을 해결하려 하지 말고 물러갈 때를 기다려야 합니다. 뭐든지 작게 할 때입니다.

남의 일에 끼어들면 손해를 봅니다. 물건을 살 때 세심한 주의가 필요합니다. 외국에 나가면 안 됩니다. 세상은 변하는 것이니 낙심하지 마십시오. 첫 단추에 문제가 있군요. 서두르지 마십시오.

**수천수**
**(水天需)**

전진하는 운인데 약간의 장애가 있군요. 기다리면 만사형통, 애쓰지 않아도 해결됩니다. 주식은 회복됩니다. 팔 때가 아니지요. 속도를 조절하십시오. 원숭이도 나무에서 떨어집니다. 사람 무시하다가는 큰 코 다칩니다. 물러나면 손해, 단지 약간의 요령이 필요할 뿐입니다.

주변에 적이 있습니다. 재판은 길어집니다. 남자는 이익이 많고 여자는 손해가 많을 때입니다. 직장, 사업에서 변화가 생깁니다. 부부, 애인, 친구 등과 싸울 일이 생깁니다. 건강은 감기, 두통, 가벼운 질병 등이 예상됩니다. 기다리는 일은 지연됩니다.

연애는 남자의 경우 난관 끝에 성공합니다. 여자는 연애에 실패하고 나쁜 사람을 만날 우려가 있습니다. 동업은 금물, 남에게 돈을 빌려주변 못 받습니다. 갑자기 나쁜 일이 생기나 해결됩니다. 부동산은 사면 안 됩니다. 가까운 곳에서 이익이 발생하고 먼 곳에서 손해 봅니다.

소풍, 행사 등에 장애가 있습니다. 기일은 연기하면 좋습니다(포기가 아닙니다).

**6**

**천수송**
**(天水訟)**

오해가 풀립니다. 싸울 일이 생기나 적극적으로 밀면 승리합니다. 현재는 고통스러우나 곧 좋은 날이 옵니다. 비밀은 탄로나니 아주 조심해야 합니다. 투기사업은 안 됩니다. 주식은 급상승합니다. 숙제가 해결됩니다. 존경을 받을 것입니다.

연애는 남자의 경우는 성공합니다. 여자의 경우는 남자가 도망갑니다. 부당한 이익은 곧 큰 손해로 이어집니다. 근심은 사라집니다. 병은 완쾌합니다. 여행은 떠날수록 좋습니다. 경쟁, 시험, 재판은 승리합니다. 범죄행위는 들통나고 체포됩니다.

경품, 로또 등에는 행운이 따르나 도박은 손해를 봅니다. 명분 없는 일은 성취되지 않습니다. 고집, 억지는 손해를 봅니다. 급변의 조짐이 보입니다. 먼저 울고 나중에 웃습니다. 반드시 성공하니 자신감을 가지십시오. 갑자기 일이 잘 풀려나갑니다.

**7**

**지수사**
**(地水師)**

재물이 쌓입니다. 잃었던 것을 되찾게 됩니다. 연애는 육체적 사랑으로 돌입합니다. 비밀이 생기고 잘 유지됩니다. 사업은 기초가 튼튼해집니다. 사람이 많이 모인 곳에 가게 되거나 불러들입니다. 명예, 명성은 기대할 수 없습니다.

은밀한 일, 내적인 일 등은 성공하나 드러난 일은 지지부진합니다. 주식은 보유할수록 이익이 됩니다. 등잔 밑을 잘 살펴보십시오. 대규모 분쟁의 소지가 있습니다. 평범한 일은 무조건 좋습니다. 개인적인 일은 성공하지만 공적인 일은 성공 못합니다. 연애는 되어도 결혼은 쉽지 않습니다.

여행은 할 필요 없고 집에 있으면 행복합니다. 경비 안 쓰고 즐길 수 있습니다. 건강은 정력이 넘칩니다. 내과 질환이 발생할 수 있습니다. 임신의 경우라면 아들입니다. 생산직은 크게 성공합니다. 여자에게는 본인이 사랑하는 사람이 생기고 남자에게는 자신을 사랑해주는 사람이 생깁니다.

형식보다 실질이 좋아집니다. 은근한 행복이 찾아옵니다. 엄마와 아들은 잘 되어갑니다. 진급은 못합니다. 경쟁에서 집니다. 새로운 일은 안 되고 묵은 일은 점점 잘 됩니다. 결혼하면 자식이 많아집니다. 사업하는 사람은 직원이 많아집니다.

**8**

**수지비**
(水地比)

부족한 것이 적시에 보충됩니다. 최고의 사랑을 만납니다. 가정이 편안합니다. 저력이 쌓여갑니다. 위대하지 못하나 대단히 만족합니다. 떠나간 사람이 돌아올 가능성이 많습니다. 친구가 갑자기 많아집니다. 회사나 친구 사이에서 인정을 받습니다.

편안히 쉴 기회가 생깁니다. 세일즈맨은 계약이 잘 됩니다. 부동산은 재미가 좋습니다. 주식은 크게 이익을 보지 못하나 손해가 없습니다. 자잘한 일은 계속 풀려 나갑니다. 안정과 평화는 계속 이어갈 수 있습니다. 목표에 도달합니다.

흥행사업은 실패합니다. 노는 데는 좋고 일하는 데는 약합니다. 필수품 사업은 성공하지만 그 외의 사업은 약합니다. 복권, 경품 등은 약간 이익됩니다. 투기는 망합니다. 화해가 아주 잘 됩니다. 시합, 내기 등에서 집니다.

스케일을 줄이십시오. 계획을 세우지 말고 자연에 맡겨 두십시오. 활동이 부족하니 보충하십시오. 낮은 직급인 경우 업무 수행이 잘 됩니다.

**풍천소축**
**(風天小畜)**

사는 게 아주 재미있습니다. 낭비가 심해집니다. 쓸 일도 많이 생기고 쓸 돈도 생깁니다. 사랑은 한때 크게 즐겁고 헤어집니다. 무엇이든 많아서 넘칩니다. 근심은 사라집니다. 계약은 파기될 가능성이 많습니다. 세일즈맨은 최악입니다. 사치품은 잘 팔립니다.

여행지에서 즐거운 일이 생깁니다. 스트레스가 확 풀립니다. 흥행사업은 잘 됩니다. 부동산은 망합니다. 도박은 최악의 패배를 하게 됩니다. 비밀은 탄로납니다. 주식은 재빨리 팔지 않으면 다 망합니다. 속전속결은 성공하나 지구전에서 패배합니다.

쌓이는 게 없으니 단단히 붙들어 메어야 합니다. 결혼, 연애 다 깨집니다. 무엇이든 변동이 심합니다. 방심, 해이 등에 의해 크게 손해를 볼 수 있습니다. 인심을 베풀면 또 생깁니다. 명성은 있으나 명예는 없습니다. 도난, 사기 등 위험이 아주 많습니다. 재판, 분쟁은 무조건 집니다. 난관은 쉽고 빠르게 풀려 나갑니다.

**10**

**천택리**
**(天澤履)**

하늘의 축복을 받고 있습니다. 복권을 사면 좋을 듯, 결실을 맺고 이익도 있습니다. 전진이 빠릅니다. 주식은 크게 오릅니다. 이사 갈 운이 있습니다. 승진할 것입니다. 해외 파견 등 출장 운이 있습니다.

좋은 남자를 만나 사랑을 듬뿍 받을 것입니다. 무역업은 대성합니다. 마음의 고민은 사라집니다. 명성을 얻게 됩니다. 비밀은 온 천하에 공개되니 조심, 또 조심해야 합니다. 결백이 입증됩니다. 2인자라면 대성하고 1인자라면 고독할 수 있습니다.

너무 잘 되므로 넘치지 않도록 조심해야 합니다. 결혼은 성공합니다. 남보다 앞서 갈 것이므로 선거전에 아주 유리합니다. 뒤따라가면 무조건 이익을 봅니다. 앞서 가면 다소 위험이 있습니다. 대중 앞에 나서게 됩니다. 홍보 사업은 최고입니다.

싸움은 수비에 치중하면 이깁니다. 여행을 다녀오면 좋은 일이 기다립니다. 계약은 기다리면 저절로 됩니다. 윗사람이 크게 신임하고 있습니다. 동업은 성공하고 홀로 가면 혼란에 빠질 수 있습니다.

가벼운 병은 완쾌됩니다. 기력 소모가 많으니 휴식을 취해야 합니다. 피부 손상에 조심하십시오. 큰 임무는 사양하십시오. 공무원이라면 좋은 일이 많을 것입니다.

외교가 성공합니다. 사랑은 남녀 모두가 성공합니다. 사업은 자본이 튼튼해집니다. 큰 일은 잘 되는데 작은 일은 난관이 있습니다. 일의 진행은 늦어지지만 성공합니다. 저력이 있어 뭐든지 오래 갑니다. 권한, 권리가 생깁니다. 태풍의 눈처럼 내게서 출발한 것이 성공합니다. 집단으로 움직이면 큰 이익이 있습니다.

## 지천태
### (地天泰)

부동산은 오래 묵힐수록 올라갑니다. 주식은 지금 팔 때가 아닙니다. 여행은 흉합니다. 이사는 연기해야 합니다. 계약은 확실히 성사됩니다. 지금은 돈 쓸 때가 아닙니다. 장기계획은 성공하지만 단기계획은 이루어지지 않습니다.

아주 건강해집니다. 욕심을 내도 좋습니다. 답답한 일이 생기지만 견디면 풀립니다. 서두르면 사고를 당합니다. 흥행 사업은 실패합니다. 물러서면 이익이 배가 됩니다. 위에 있으면 존경받고 아래에 있으면 노고하게 됩니다. 자식이 잘 됩니다. 농사는 성공하고 판매업은 꾸준합니다.

**천지부**
**(天地否)**

외교는 단절됩니다. 연애는 실패합니다. 계약은 성사되지 않습니다. 상하가 극단적으로 대치합니다. 멀리 여행을 갔다오면 액운이 사라집니다. 될일은 안 되고 안 될일은 됩니다. 분실, 도난, 사기 등을 조심하십시오. 낭비가 있으나 괜찮습니다. 지금은 돈이 모일 때가 아닙니다.

싸움을 벌이면 무조건 손해입니다. 주식은 손해를 봅니다. 가까운 곳에서 실패하고 먼 곳에서는 차차 좋은 소식이 옵니다. 작은 피로가 병을 유발할 것이니 조심해야 합니다. 오해를 받기 쉽습니다. 부부나 애인 간에 싸움이 예상되니 미리 피해 있는 것이 좋습니다.

자제력이 필요합니다. 실수가 많으니 꼼꼼해질 필요가 있습니다. 해외에 나가면 무조건 좋습니다. 포부는 무한정 키우고 행동은 작게 해야 합니다. 동업은 완전히 망합니다. 포기해야 할 일이 생깁니다. 나쁜 시절에는 기다림의 덕이 필요합니다. 오래된 불운은 사라집니다.

**13**

**천화동인**
**(天火同人)**

동지가 생깁니다. 여자라면 애인이 생깁니다. 일약 명예를 얻습니다. 장애물 없이 전진합니다. 지극히 사적인 일은 실패합니다. 공익, 공적인 사업은 대성합니다. 스포츠맨의 경우는 금메달을 따거나 승리합니다. 주식은 계속 오릅니다.

도와주는 사람이 나타납니다. 모든 면에서 분위기가 밝아집니다. 시험에 합격합니다. 선거에서 승리합니다. 부동산은 일찍 파는 게 좋습니다. 높은 사람, 귀한 사람을 만나게 됩니다. 공무원 시험은 특히 좋습니다. 해외 등 먼 곳 사업은 성공합니다.

출판, 방송, 연예, 신문 사업 등은 대성합니다. 재판에서 승리합니다. 동업을 하면 근심할 일이 없습니다. 포부를 크게 가지고 장거리 목표를 가지면 승리합니다. 학업, 종교, 연구 등의 직책은 쉽게 성공합니다.

고향을 떠나 객지로 나갈 것입니다. 상관, 윗사람, 나이 든 사람이 이끌어 줍니다. 여자는 결혼하게 됩니다. 운명이 개선됩니다. 정작 돈이 주머니 속으로 들어오는 일은 늦어집니다.

**14**

**화천대유**
（火天大有）

크게 성공합니다. 큰 시험에 합격할 운이 있습니다. 명예, 명성을 얻습니다. 여자는 크게 사랑 받습니다. 주식은 절정에 올랐으니 파십시오. 공직에 있는 사람은 진급합니다. 남들로부터 존경을 받습니다. 연예인은 대성합니다. 사업은 크게 벌일수록 성공합니다.

도박, 승부 등에서 승리합니다. 로또를 당장 사십시오. 투기 사업, 흥행 사업은 성공합니다. 복잡했던 일은 결론에 도달합니다. 모든 종류의 재판에서 승리합니다. 나이 든 사람이 중병에 걸렸을 경우 사망의 위험이 있습니다.

높은 직책에 오릅니다. 뜻밖의 행운에 놀랄 것입니다. 결혼은 즉시 이루어집니다. 오해는 풀립니다. 대업을 완수합니다. 대의명분을 얻습니다. 은행에서 큰 돈을 융통할 수 있습니다. 사업은 전국으로 확산됩니다. 물러날 필요 없이 한발 더 나서면 됩니다.

비밀은 크게 탄로납니다. 목표지점에 곧 당도합니다. 사치품 사업은 대성합니다. 출판, 저작, 연구 등은 대성합니다. 본격적 무대에 오릅니다. 위치가 안정됩니다. 멀리 보입니다. 리더가 됩니다. 연애는 이보다 좋을 수 없습니다.

**15**

**지산겸**
**(地山謙)**

꽉 막혀 있습니다. 사랑은 실패합니다. 금전 융통 안 되거나 미루어집니다. 경쟁에서 집니다. 오로지 겸손해야 풀릴 수 있습니다. 비밀은 굳게 지켜집니다. 약속은 지켜집니다. 신뢰를 얻으나 활동의 폭이 좁습니다. 재산은 있으나 쓸 수 없는 상태입니다.

외면당합니다. 인내는 행운을 끌어옵니다. 재판은 집니다. 주식은 오르지 않습니다. 물건은 팔리지 않습니다. 사업 시작은 안 됩니다. 여행을 하면 사고를 당합니다. 소식은 오지 않습니다. 오래 기다리면 반드시 옵니다.

건강은 유지됩니다. 하지만 현재 병들어 있는 사람은 회복이 늦어집니다. 무거운 사업은 성공하고 가벼운 사업은 실패합니다. 절대로 퇴보하지는 않습니다. 전진은 아주 느려집니다. 투기, 흥행, 연예, 출판, 방송, 신문사업 등은 완전히 망할 우려가 있습니다.

임신은 되고 아들을 낳습니다. 울화가 치밀만한 일이 생깁니다. 동업은 형제끼리만 가능합니다. 심한 변비증이 생길 수 있습니다. 싸움에서 후퇴가 계속되지만 나중에 반전이 가능합니다.

## 16

## 뇌지예
（雷地豫）

일을 시작할 때가 되었습니다. 막혔던 일이 풀립니다. 농산품 사업은 최고입니다. 모르던 일이 정체를 드러냅니다. 수술을 할 가능성이 높습니다. 병이 드디어 회복되기 시작합니다. 강력한 출발이 성공을 이끕니다.

평화는 깨집니다. 각종 징후가 나타납니다. 막막하던 일이 방법이 보입니다. 주식은 이제부터 오릅니다. 부동산 가격은 오르기 시작합니다. 흥분할 일이 생깁니다. 여자에게는 괜찮은 애인이 생깁니다. 금전 융통이 됩니다. 공사가 시작되고 성공합니다.

오래된 일은 풀리고 신규 사업은 서서히 이루어집니다. 게으름을 피우면 손해를 봅니다. 가까운 곳에 이익이 있으니 살펴 보십시오. 고민은 돌파구가 생깁니다. 여행은 무사고입니다. 반격을 시작해서 이익을 봅니다. 주장이 통합니다.

여기저기 아이디어가 생깁니다. 조금씩 재산이 쌓입니다. 묵혀둔 물건이 이익을 가져옵니다. 뜻밖의 적을 만날 수 있습니다. 두드리면 열립니다. 꾸준히 두드리면 여자의 마음이 열립니다. 조용하던 곳에서 이익이 생깁니다. 뜻밖의 사건이 생길 수 있습니다.

**택뢰수**
(澤雷隨)

사업이 잘 크고 있습니다. 남녀 모두 애인이 생깁니다. 좋은 집으로 이사갈 수도 있습니다. 직장을 얻게 됩니다. 시험을 보면 합격합니다. 주식을 사두면 손해를 보지 않습니다. 임신한 경우 아들입니다. 있던 병이 회복됩니다. 새로운 병이 생길 수 있습니다.

문 안에서 일이 발생합니다. 생산업은 크게 성공합니다. 고기가 물을 만납니다. 자식들이 훌륭히 잘 크고 있습니다. 연구사업은 대성합니다. 분쟁은 끝납니다. 작은 사업도 실속이 생깁니다. 여행하면 사건 사고의 위험이 있습니다. 해외여행, 출장 등은 결렬됩니다.

무슨 일이든 적중률이 높습니다. 실내 사업의 경우 많은 손님이 모여듭니다. 옛것은 커지고 새로운 일은 지연됩니다. 보호를 받게 됩니다. 작은 비밀은 겨우 지켜집니다. 지갑에 돈이 쌓입니다. 동업은 성공합니다. 뒤따라가면 안심입니다. 선물을 받을 일이 생깁니다. 이익은 안에서 나옵니다.

**18**

**산풍고**
**(山風蠱)**

상처가 곪습니다. 배신을 당합니다. 골치아픈 일이 발생합니다. 굳건하다고 믿었던 것이 변합니다. 난관은 돌파됩니다. 연애는 처음부터 거짓입니다. 임신부는 각별한 조심이 필요합니다. 대수롭지 않았던 일이 화근을 가져옵니다. 비밀은 탄로나기 시작합니다.

위치가 불안합니다. 건물의 붕괴를 조심하십시오. 외과적 상처를 조심하십시오. 집안에 있으면 손해이니 밖으로 돌아다니십시오. 부부 싸움은 위험수준까지 갑니다. 애들이 속 썩일테니 주의가 요망됩니다.

오랫동안 안 팔리던 물건이 갑자기 팔려나갑니다. 사기를 당할 우려가 많습니다. 믿으면 손해이니 의심하십시오. 포기하면 좋고 미련을 가지면 많은 손해를 봅니다. 계약은 파기되거나 성사되지 않습니다. 고민이 생깁니다. 솔직하지 않으면 재앙이 초래됩니다.

우정, 애정 다 위험합니다. 웃다가 울고, 울다가 웃을 일이 생깁니다. 계획은 수정해야 합니다. 방해가 나타납니다. 길게 끌어서 좋을 것이 없습니다. 집을 사면 망합니다. 큰 물건은 아예 사지 마십시오. 주식을 가지고 있으면 점점 손해가 납니다. 로또는 이번 주 쉬는 게 낫습니다.

**19**

**지택림**
(地澤臨)

사랑은 깊어갑니다. 사업은 안정됩니다. 중병도 완전히 회복됩니다. 권리가 증대됩니다. 재물이 쌓이기 시작합니다. 부동산 운이 좋습니다. 투기는 위험합니다. 주식은 계속 오릅니다. 좋은 직장을 얻습니다. 시험에 합격합니다.

도전을 물리칩니다. 존재가치를 인정받습니다. 직장에서 보직이 좋아집니다. 모든 것이 제자리를 찾아갑니다. 서두르지 않아도 내 몫을 찾습니다. 고향이나 제 집으로 돌아옵니다. 주거지가 편안합니다. 뿌리깊은 나무가 됩니다. 평화가 찾아와 흔들리지 않습니다.

부부가 합심단결합니다. 저축해두면 좋은 사업이 생깁니다. 여행은 절대 안 됩니다. 공무원, 사무직, 내근직은 좋습니다. 세일즈맨은 제자리 걸음입니다. 육체적 사랑이 이루어집니다. 좋은 학교에 진학합니다. 어디 가서든 무시 당하지 않습니다. 동업하면 특별한 이익이 생깁니다.

깊어졌으니 이제 넓혀야 합니다. 생각하는 것이 깊으니 남의 모범이 됩니다. 연애는 더욱 진실해집니다.

**20**

**풍지관**
（風地觀）

놀랄 일이 생깁니다. 여행이나 출장 등 집을 떠날 일이 생깁니다. 기자, 방송인, 연예인, 작가는 성공합니다. 거처가 불안해집니다. 영업사원은 바빠집니다. 사랑은 안 생깁니다. 부부는 싸우면 이혼까지 갈 우려가 있습니다. 사람과 협조가 잘 되지 않습니다.

사업은 조금 될 뿐입니다. 보이지 않는 문제가 있으니 찾아서 해결해야 합니다. 건강은 나빠지고 있습니다. 병의 치료는 아주 더딥니다. 투자금은 회수하기 어렵습니다. 금전 융통 안 됩니다. 주식은 무조건 손해를 봅니다. 땅값이 내려갑니다.

집에 있으면 답답한 일이 생깁니다. 남에게 물으면 이익을 봅니다. 모든 사업을 중지하고 때를 기다려야 합니다. 분쟁은 길어집니다. 승부에서 집니다. 여자인 경우 애인이 도망갈 우려가 있습니다. 분실에 주의하십시오.

신경 안정이 필요합니다. 방심은 큰 사건을 초래합니다. 하늘이 무너져도 구멍이 생깁니다. 위엄을 갖추어야 합니다.

**화뢰서합**
**(火雷噬嗑)**

좋은 아이디어가 떠오릅니다. 장애가 나타나지만 돌파됩니다. 시작은 더디지만 시원히 뚫립니다. 귀한 위치에 오르게 됩니다. 주식은 급격히 오릅니다. 문제는 애써서 풀게 됩니다. 연애는 힘든 상대가 나타납니다. 뜻밖의 행운을 맞이합니다.

사람을 많이 만나게 됩니다. 처음엔 오해하고 나중에 친해집니다. 비밀이 탄로납니다. 어려운 숙제가 풀려나갑니다. 상업은 대성합니다. 세일즈맨은 큰 건을 잡습니다. 갑자기 좋은 직책을 얻습니다. 경쟁에서 승리합니다.

발견, 발명, 연구 등에서 성공합니다. 노력한 만큼 성과는 확실합니다. 우정은 굳건해집니다. 연애는 어렵게 진행되지만 행복합니다. 우려하던 일은 사라집니다. 오래된 물건의 값이 확 오릅니다. 단단한 물건 사업은 성공하고 부드러운 물건 사업은 실패합니다.

보물같은 것을 얻게 됩니다. 발굴사업은 최상입니다. 운반사업은 일감이 많아집니다. 자동차사고의 위험이 있습니다. 사업상 여행은 성공하지만 관광이나 사적 여행은 취소하는 게 좋을듯 합니다. 피로가 쌓입니다. 수술의 우려가 있습니다.

**22**

**산화비**
**(山火賁)**

알뜰한 이익이 생깁니다. 사업은 서서히 크게 성장합니다. 재산이 늘어납니다. 자본이 넉넉해집니다. 남녀 모두 행복한 사랑을 얻습니다. 돈 근심은 사라집니다. 건강은 날로 좋아집니다. 인수 합병이나 확장이 가능합니다. 명예보다는 실질을 얻습니다.

예술품을 소장하면 이익이 됩니다. 직장에서 월급이 오르거나 편한 자리를 얻습니다. 윗사람의 신임이 두터워집니다. 체중이 조절되어 아름다워집니다. 단결이 아주 잘 됩니다. 여러 종류의 사업이 두루 잘 됩니다.

상을 당할 우려가 있습니다. 만족할만한 일이 생깁니다. 도전이 있어도 끄덕 없습니다. 시험에 합격하고 좋은 학교에 진학합니다. 피로, 화나는 일 등은 곧 풀립니다. 동지들이 많아 고독은 사라집니다. 가만 앉아서 이익을 봅니다. 권위, 권리가 증대됩니다. 회원이나 고정 손님을 많이 모집할 수 있습니다.

**23**

**산지박**
**(山地剝)**

조직의 리더가 됩니다. 위태로우나 결국 살아남습니다. 어깨가 무거워집니다. 자식, 아랫사람 등이 말을 잘 듣지 않습니다. 네트워크 사업은 대성합니다. 끝까지 버티면 보람이 있습니다. 내부 문제로 골머리를 썩습니다.

큰 물건을 파는 사업은 성공합니다. 대중을 많이 끌어모을 수 있습니다. 병은 위태로우나 잘 견디면 회복됩니다. 매사가 더딥니다. 안정되지만 발전은 별로입니다. 존경은 받지만 행복하지는 않습니다. 생활이 궁핍합니다. 금전 융통은 잘 안 됩니다.

신규사업은 실패합니다. 주변에 사람은 많으나 크게 도움이 안 됩니다. 운명이 질겨서 무너지지는 않습니다. 문제는 항상 아래에서 옵니다. 여자가 호응하지 않기 때문에 사랑이 괴롭습니다. 재판은 집니다. 높은 위치에 올라가지만 노고만 하게 됩니다.

변화가 아주 적습니다. 지키면 이익되고 나아가면 손해를 봅니다. 투자를 하면 돈이 묶입니다. 빠르게 움직이면 무조건 실패를 봅니다.

**24**

**지뢰복**
(地雷復)

아직 때가 아닙니다. 오랜 병은 희망이 나타나고 있습니다. 반전이 일어납니다. 연애는 약간 기미가 보입니다. 주식은 한참 기다리면 회복됩니다. 좋은 쪽으로 방향을 틀었습니다. 싸움이나 경쟁 등에서 밀립니다. 장기 계획은 일단 길을 잡았습니다. 금전 융통은 작은 돈만 됩니다.

사업은 연기하되 포기해서는 안 됩니다. 노력하면 충분히 결실을 맺을 수 있습니다. 서두르면 될 일도 망칩니다. 여행은 커녕 집 밖에 나가는 일도 자중해야 합니다. 임신의 우려가 있습니다. 씨앗은 심어졌으나 난관이 많습니다.

하늘이 도와줄 것이니 겸손하십시오. 저절로 크고 있으니 할 일이 없습니다. 지금은 행동이 중요하지 않습니다. 길을 봤어도 멈춰야 합니다. 먼 곳에서 소식이 올 수 있습니다. 수동적이면 이익을 보고 능동적이면 망칩니다. 쉬면서 멀리 봐야 합니다.

소외당하고 외롭습니다. 겨울이 깊었으니 봄이 올 것입니다. 게으른 것이 오히려 득이 됩니다. 작은 것을 포기하면 큰 것을 얻습니다. 행동보다 양심이 중요합니다. 계획을 미리 세워둬야 합니다.

**천뢰무망**
（天雷无妄）

뜻밖에 횡재를 할 수 있습니다. 주식은 최대치에 오릅니다. 놀랄 일이 생깁니다. 다 된일이 망칠 우려가 있으니 극도로 조심해야 합니다. 커다란 임무를 맡게 됩니다. 여자의 경우 흠모할만한 남자가 나타납니다. 기다리면 그 남자는 내게 다가옵니다.

작은 일이 크게 확대됩니다. 큰 무대에서 일할 수 있습니다. 크게 명성을 얻을 징조입니다. 윗사람이 도움을 줘서 일약 성공할 수 있습니다. 사고나 재난에 주의합니다. 막혀 있던 일이 갑자기 뻥 뚫립니다. 수술이나 상처의 우려가 있으니 여성은 각별한 주의가 요망됩니다.

조직에서 실세가 됩니다. 지나치게 날카로우면 봉변을 당합니다. 마음에 큰 충격을 받을 수 있습니다. 갑자기 먼 곳으로 파견될 수도 있습니다. 친지의 사망이 우려됩니다. 장래성이 점점 커지고 있습니다. 경쟁에서 크게 승리할 것입니다.

목소리를 낮추지 않으면 오해를 받습니다. 낙오될 우려가 있으니 긴장을 하십시오. 하늘이 도와줍니다.

**26**

## 산천대축
(山天大畜)

재산이 크게 쌓일 것입니다. 금전 융통은 충분합니다. 주식은 팔지 말고 유지하십시오. 급하면 상처를 입습니다. 과거를 뒤돌아 보면서 마무리를 철저히 해야 합니다. 벌기보다는 손해를 보지 않도록 노력하십시오. 새로운 사업은 안 됩니다.

여자의 경우 훌륭한 남자를 차지하고 사랑을 듬뿍 받습니다. 투기, 흥행사업은 실패합니다. 출판, 저작 등은 크게 성공합니다. 건강은 극도로 좋아집니다. 행동은 자중할수록 인정을 받습니다. 여행을 가면 반드시 손해를 봅니다. 이사는 절대로 연기해야 합니다.

함께 하는 사업은 크게 성공합니다. 많은 사람들이 주변에 모여듭니다. 집안에 있는 시간을 늘이면 좋습니다. 전진이 잠시 막히는 수가 있으나 결국 돌파됩니다. 남자의 경우 짝사랑의 가능성이 높습니다. 투기가 아닌 사업은 크게 할수록 좋습니다.

게으름은 약이 됩니다. 동지는 모이지만 사랑은 별로입니다.

**27**

**산뢰이**
**(山雷頤)**

충분한 보호를 받습니다. 장기적으로 아무 문제 없이 커가고 있습니다. 넘지 못할 산에 도전하는 격이니 포기하십시오. 자식이 잘 되고 있습니다. 기초가 튼튼하게 다져지고 있는 중입니다. 주식은 아주 오래 지나야 이익을 얻으니 일찍 포기하는 것이 좋을 듯 합니다.

큰 회사와 계약이 성사됩니다. 넓은 세상으로 나갈 때는 아직 멀었습니다. 병의 회복이 아주 늦습니다. 작은 돈만 융통이 가능합니다. 수비에 절대 치중해야 합니다. 늦출수록 기회가 생깁니다. 경쟁은 힘이 약해 감당이 안 됩니다. 집을 사두면 계속 오릅니다.

고독하지만 멀리 친구가 있습니다. 결혼은 성립됩니다. 사랑은 위기를 맞이하게 됩니다. 침묵은 금입니다. 애써 나서봐야 알아주지 않습니다. 직장 내에서는 아무 문제 없습니다. 일이 지연되니 계획 자체를 세우지 마십시오.

연구생, 수험생은 잘 가고 있는 중입니다. 새로운 일이 발생하지 않으니 지루할 수 있습니다. 거대한 난관이 앞에 있습니다.

**28**

**택풍대과**
**(澤風大過)**

사건사고가 눈앞에 있습니다. 당장 수습책을 마련하십시오. 욕심이 지나칩니다. 유지가 몹시 어렵습니다. 아주 격렬하고 정열적인 사랑을 하게 될 것입니다. 다 된 밥에 재가 뿌려질 수 있습니다. 실력에 자만하지 마십시오.

투자는 무조건 손해입니다. 새로운 사업을 시작해서는 안됩니다. 한참 쉬어야 위기가 물러갑니다. 건강은 극도로 위험합니다. 수술을 하게 되거나 사망에 이를 수도 있으니 즉시 조치를 취해야 합니다.

싸움을 걸면 큰 사고를 당합니다. 아랫사람, 자식 등이 사고를 칩니다. 일을 벌일 생각 말고 축소하십시오. 전망이 좋은 것 같지만 착각입니다. 주변에 사공이 너무 많습니다. 포기하고 실력을 기르십시오. 여행을 가서는 안 되지만 집 밖으로 많이 다니십시오.

배가 전복할 것이니 물을 조심해야 합니다. 술 마시고 사고를 칠 우려가 아주 많습니다. 주제 파악을 하십시오. 급한 마음을 당장 가라앉히지 않으면 손해가 막심합니다. 이유불문코 사과하십시오. 한번 깨지면 수습이 어려우니 조심조심해야 합니다.

겸손과 양보만이 살 길입니다. 좋았던 것이 갑자기 파괴될 우려가 있습니다. 속으로 화근이 자라고 있으니 살펴보십시오.

**29**

**감위수**
**(坎爲水)**

사랑에 깊이 빠집니다. 용돈, 수입 등이 넉넉해집니다. 사람과 많이 어울릴 기회가 생깁니다. 방향을 잃었습니다. 끌어줄 지도자가 없습니다. 슬픔에 빠질 우려가 있습니다. 지나친 육체적 사랑에 이성을 잃을 수 있습니다.

감정을 자제해야 합니다. 술 마시고 큰 실수를 할 우려가 있습니다. 물에 빠져 죽을 수도 있습니다. 동업은 무조건 좋습니다. 질서가 무너지고 있습니다. 번민이 많아집니다. 매사를 남에게 물어야 합니다. 길을 잃고 헤매게 됩니다.

싸움에 패합니다. 주식은 놔두면 손해는 안봅니다. 술장사, 식료품 판매업은 대성합니다. 병이 오래 갑니다. 잡다한 일이 발생하여 번거롭기만 합니다. 균형을 잃게 됩니다. 사람은 많이 보지만 고독합니다. 생각이 너무 어렵습니다.

체력 손상이 많습니다. 집 안에서 반성을 해야 합니다. 명예는 없습니다. 존경받기는커녕 원한이 쌓입니다. 일감은 제법 생깁니다. 윗사람과 자주 만나면 행운이 옵니다. 시야가 좁습니다. 사랑은 행복하고 우정은 깨지고 있습니다.

시험에 불합격합니다. 흥정은 실패합니다. 비밀은 유지됩니다.

**30**

**이위화**
**(離爲火)**

마음이 밝아집니다. 경사스런 일이 생깁니다. 명예가 높아집니다. 연예, 흥행사업은 대성합니다. 여자는 인기가 높아집니다. 남자는 애인이 생깁니다. 뜻깊은 친구가 생깁니다. 주식은 실속이 없습니다. 여행은 행복합니다.

좋은 결실이 있을 것입니다. 희망이 보이고 있습니다. 좋은 직장, 진급 등이 예상됩니다. 오해가 풀립니다. 어디가든 환영을 받을 것입니다. 아이디어가 만발합니다. 돈 융통은 되지 않으나 사업은 유지됩니다. 근심이 사라집니다.

친구가 많아 사업은 걱정없습니다. 수입이 풍부하지는 않지만 안정을 유지합니다. 문 밖이나 집 안에서도 행복할 것입니다. 연애은 정신적으로 발전합니다. 결혼은 성공합니다. 남에게 크게 노출됩니다. 지금은 행복을 즐길 때입니다.

남에게 고마움을 표시하면 이익이 생깁니다. 모든 싸움에서 승리합니다. 상을 받거나 권리가 생깁니다. 건강은 염려가 없습니다. 직장이나 주변에서 크게 인정 받습니다. 사소한 일에서 이익이 발생합니다. 웃으면 더 큰 복이 옵니다.

복권 등은 별 이익이 없습니다. 대회에 나가면 승리하고 명예가 높아집니다.

**택산함**
**(澤山咸)**

쉽게 사랑을 얻을 수 있습니다. 오해는 풀립니다. 오래된 사업이 움직이기 시작합니다. 사막에서도 풀이 납니다. 마침내 길이 뚫리고 있습니다. 하는 일마다 인정을 받습니다. 단골이 늘어나기 시작합니다. 가는 곳마다 사랑의 기회가 생깁니다.

건강은 조금씩 확실히 좋아집니다. 금전은 푼돈만 생깁니다. 가까운 곳은 여행해도 됩니다. 해야할 일이 생깁니다. 계획보다는 실천을 해야 합니다. 친구가 생깁니다. 주식은 오래 걸리니 처분하십시오. 조용히 지내면 일이 풀려 나갑니다. 말 많은 사고가 옵니다.

다소 갑갑한 일이 생길 것입니다. 계약은 성사되지만 진행은 늦습니다. 만사가 한 발 늦어집니다. 인생에 중요한 사람을 만날 가능성이 있습니다. 목욕을 자주 하면 행운이 옵니다. 장사는 조금씩 점차 팔려 나갑니다. 지금 있는 곳이 좋으니 이사는 필요 없습니다.

기다리면 남이 도와줍니다. 도움이 밖에서 오고 있습니다.

**뇌풍항**
（雷風恒）

드디어 행동할 때가 왔습니다. 흥행사업은 대박이 터집니다. 출장, 파견, 원정 등의 일이 생길 것입니다. 막혔던 것이 돌파됩니다. 주식은 계속 오릅니다. 실수가 사라집니다. 명예는 회복됩니다. 여행은 어느 곳을 가도 좋습니다.

저절로 일감이 생깁니다. 크게 잘 될 때이니 과감히 출자해야 합니다. 매사가 순탄합니다. 남녀 모두 아주 좋은 사랑을 만납니다. 회장, 국회의원 등 선거에 나가면 바로 승리합니다. 마침내 운명이 좋게 바뀌고 있습니다.

새 차가 생길 수도 있습니다. 생산품이 잘 팔립니다. 사업은 계속 확장됩니다. 인기는 최고조에 달합니다. 로또는 1,2등도 바라볼 수 있습니다. 여러 사람이 도와줍니다. 뜻밖의 아이디어가 생깁니다. 집 안에 앉아 있기는 시간이 아깝습니다.

끝난 일도 다시 살아납니다. 중병이 완쾌됩니다. 주변에 친한 사람도 동반 성장합니다. 지지자가 많아집니다. 운때가 척척 맞아 떨어집니다. 재상사업은 크게 이익을 봅니다. 가수, 연예인,배우 등은 스타가 됩니다. 예술작품, 발명품은 크게 성공합니다.

**33**

**천산돈**
**(天山遯)**

손에 잡히지 않고 멀리 떠나버릴 것입니다. 범죄의 우려가 있습니다. 지극히 외로워질 것입니다. 미련을 버리면 평화가 옵니다. 건강은 극도로 위험합니다. 집안 어른이 사망할 수도 있습니다. 은퇴의 시기입니다.

고집을 부리면 큰 손해를 봅니다. 여자의 경우는 남자가 떠나갑니다. 남자의 경우는 여자가 마음을 열지 않고 있습니다. 사랑은 결국 실패할 것입니다. 멀리 이민 갈 가능성이 있습니다. 금전, 자본이 융통되지 않습니다. 주식은 바로 망합니다.

직장에서 역할이 축소됩니다. 친지들로부터 왕따를 당할 우려가 있습니다. 도시를 떠나면 길이 있습니다. 비밀은 유지되지만 하늘이 싫어합니다. 남과 동업은 절대 안 됩니다. 눈을 감고 길을 가니 사고를 당할 수 있습니다.

부정은 재앙을 낳고 긍정은 해결책이 됩니다. 지금은 힘이 없을 때니 보강하며 기다려야 합니다. 장사는 안 되니 폐업해야 합니다. 인정받지 못할 것이니 애쓰지 마십시오. 사고가 나면 큰 사고가 납니다.

하늘에 기도하면 성과가 있습니다. 나이 든 사람이 일을 떠나면 허물은 없습니다. 오르지 못할 나무를 쳐다보고 있는 격입니다.

**뇌천대장**
（雷天大壯）

일에 있어서 전성기를 맞이합니다. 건축사업은 크게 성공합니다. 집을 사면 큰 이익이 생깁니다. 큰 소리를 쳐도 허물이 없습니다. 사소한 사고가 있을 수 있으나 전진속도를 늦추면 무난합니다. 권리, 권력 등이 크게 오릅니다.

주식은 많이 투자할 때입니다. 신규사업이든 오래된 사업이든 확장해야 합니다. 크게 존경받게 됩니다. 남자는 연애가 이루어지고 행복합니다. 여자는 연애 대상이 없습니다. 큰 사업일수록 성공 가능성이 높고 작은 사업은 실속이 없습니다.

남과 경쟁에서 당당히 승리합니다. 비행기를 타고 멀리 나갈 운이 있습니다. 집안에 앉아만 있으면 손해입니다. 부하들이 많이 생깁니다. 높은 자리로 진급할 가능성이 아주 많습니다. 흥정에 있어서는 크게 욕심을 내십시오. 로또에 크게 기대를 걸어볼만 합니다.

길거리 싸움은 조심하십시오. 병은 무조건 낳습니다. 건강은 너무 좋아 탈입니다. 어려운 일을 성공시킬 것입니다. 사소한 일을 놓치고 있습니다. 말이 많으면 적이 생깁니다. 등산은 위험합니다. 큰 행사에 참가할 일이 있습니다.

**35**

**화지진**
**(火地晉)**

오랜 세월 끝에 성과가 나고 있습니다. 전진하는 앞날이 순탄합니다. 여자는 최고의 행복의 순간을 맞이할 것입니다. 망해가던 사업이 다시 불붙습니다. 이제 전력질주해야 할 때입니다. 넓은 무대로 나아가게 될 것입니다.

사업은 서서히, 확실히 나아질 것입니다. 여자는 좋은 자리로 결혼하게 됩니다. 우울함은 사라지고 분위기는 고조됩니다. 주식은 크게 투자할 때입니다. 땅값이 엄청 오릅니다. 뜻박의 행운에 미소 지을 것입니다. 로또를 사십시오.

생각은 그만하고 실행에 옮기십시오. 건강은 급격히 좋아집니다. 수출사업은 대박입니다. 어려운 순간 귀인을 만나 도움을 받습니다. 남자는 연애가 재미 없습니다. 신분이 상승될 것입니다. 앞서지 말고 따라 가십시오.

사소한 것조차 기분이 좋아집니다. 대범해질 필요가 있습니다. 좋은 때를 만났으니 걱정을 내려 놓으세요. 나쁜 친구를 당장 멀리 해야 합니다. 과거를 빨리 잊고 앞으로 가야 합니다. 가내 공업은 크게 성공합니다.

자잘한 물건은 잘 팔려나갈 것입니다. 큰 돈은 아직 들어오지 않으나 궁핍은 면할 것입니다.

**36**

**지화명이**
**(地火明夷)**

때가 심히 불리합니다. 여자는 사랑에 실패하여 울게 됩니다. 경쟁에서 실패할 것이니 아예 나서지 마십시오. 건강은 위험하니 병원의 정밀진단이 필요합니다. 주식은 크게 망할 것이니 조금이라도 건지는 게 상책입니다.

문 밖에 나서면 무조건 손해입니다. 큰 오해를 받을 것이니 행동하지 마십시오. 지금보다 더 나빠질 것에 대비해야 합니다. 도난, 분실의 우려가 있습니다. 씨를 뿌려 놓았지만 싹이 트지 않습니다. 급한 마음은 큰 사고를 불러옵니다.

진급은 되지 않으니 지금 자리나 지켜야 합니다. 기대한 대로 되지 않습니다. 혼자 눈물 흘릴 수도 있습니다. 모든 의사결정은 보류하십시오. 잠시 숨어 지내면 좋을 듯 합니다. 돈이 묶일 우려가 있으니 투자는 삼가십시오. 친구의 도움이 없습니다. 갑자기 길을 잃을 수 있습니다.

식중동, 소화불량에 조심해야 합니다. 생각보다 일이 더욱 꼬이게 됩니다. 해결하려고 들면 더욱 미궁에 빠질 것입니다. 세월이 약입니다. 반드시 아침이 오니 참고 있으면 됩니다.

**풍화가인**
**(風火家人)**

취직시험에 합격합니다. 가정이 화목합니다. 단체가 결성되거나 친구가 많아집니다. 연애가 이루어져 잘 나갑니다. 협상이 좋게 타결됩니다. 납품은 잘 됩니다. 동업에 성공합니다. 친구들과 어울리는 날이 많아집니다.

주식은 손해보지 않습니다. 손님이 찾아오거나 연락이 잦습니다. 건강은 순탄하여 걱정이 없습니다. 고독은 사라집니다. 개인적인 일은 손해를 보지만 단체는 이익을 봅니다. 직장 내에서 보직이 튼튼해집니다. 매력이 점점 커질 것입니다. 첫사랑, 오래된 친구 등을 만날 수 있습니다.

회사를 만들면 성공합니다. 복잡했던 일이 단순해집니다. 아이디어가 만발합니다. 부부 동반, 단체여행 등은 행운을 불러 옵니다. 발전의 속도는 더디지만 안전합니다. 학교에 쉽게 입학합니다. 오래된 계획은 척척 이루어집니다.

싸움하면 손해를 보거나 집니다. 새로운 계약이 성립합니다. 재수보다는 신수가 좋아집니다. 모든 일이 꾸준합니다. 사람을 많이 만날수록 운명이 개선됩니다. 안정은 되지만 파격이 없습니다. 조심성이 지나칩니다. 변화가 적습니다.

**38**

**화택규**
**(火澤暌)**

고향을 떠나 이민을 갈수도 있습니다. 참다가 박차고 나갑니다. 갑자기 스타가 됩니다. 직장에서 남보다 앞서게 됩니다. 근심이 일거에 사라집니다. 여행갈 일이 생깁니다. 여자의 경우 친구와 헤어집니다. 애인과는 의견조절이 필요합니다.

사업은 갑자기 뜹니다. 주식은 대박 가능성이 있습니다. 로또를 기대할만 합니다. 무대가 커집니다. 인기가 급상승합니다. 금전 융통은 갑자기 이루어집니다. 명예, 명성이 높아집니다. 집을 나와 독립할 운이 있습니다. 더 좋은 직장으로 옮길 가능성이 있습니다.

수출이 잘 될 것입니다. 물건은 날개 달린 듯 팔려 나갑니다. 여자의 경우 결혼하게 됩니다. 흥행사업, 유행사업 등은 크게 성공합니다. 운명이 좋은 쪽으로 밀어주고 있습니다. 시원섭섭한 일이 생깁니다. 돈 쓸 일이 생깁니다.

한때 외롭지만 기분은 좋습니다. 병이 갑자기 회복됩니다. 친지, 가족 등이 사망할 우려가 있습니다. 신규사업이 출발하게 됩니다. 마침내 완성이 이루어집니다.

**39**

**수산건**
**(水山蹇)**

어둠에 갇혀 꼼짝 못합니다. 극단적인 고집은 패가망신합니다. 일이 심하게 꼬입니다. 사랑은 육체관계가 존재합니다. 돈줄이 꽉 막힙니다. 친구와 헤어집니다. 사업에서 계속 손해를 봅니다. 체포, 구금 등의 변을 당할 수 있습니다.

건강은 최악으로 치닫습니다. 이미 병이 있었던 경우라면 신체의 심한 손상이 우려됩니다. 엎친데 덮친 격으로 나쁜 일이 거듭 닥쳐옵니다. 전진이 불가능합니다. 여행지에서 사고를 당합니다. 자동차 운전도 조심해야 합니다.

친구와 헤어지게 됩니다. 친지들로부터 질시를 당합니다. 반성과 사과만이 상황을 개선시킬 수 있습니다. 모든 승부에서 패배당합니다. 집안에 우환이 발생할 수 있습니다. 점쟁이, 도사 등 전문가에게 상담을 받으십시오. 일은 방법부터가 잘못되어 있습니다.

사람을 경시하면 재난이 초래됩니다. 같은 일을 반복하면 점점 나빠집니다. 가족과 의논하지 말고 멀리 있는 사람의 조언을 구하십시오. 동업이든 개인사업이든 할 때가 아닙니다. 주식은 망합니다. 빚이 늘어나서 감당 못하게 됩니다. 다리, 허리 등을 다칠 우려가 있습니다. 지나치게 사적이어서 운명이 나빠집니다.

**40**

**뇌수해**
(雷水解)

사건이 해결됩니다. 사업은 조금 돌파구를 찾았습니다. 남자 애인이 떠나갑니다. 직장 내에서 부서를 옮깁니다. 주식은 본전은 구할 수 있습니다. 어둠이 걷히고 있으니 희망을 가지십시오. 미련을 버리면 더 좋은 일이 있습니다.

마음의 상처가 났습니다. 일시적으로 고독하지만 인정을 받습니다. 임신부는 아들을 순산합니다. 이가 빠질 수 있습니다. 성급할 필요 없습니다. 자금은 약간 융통됩니다. 떠나면 이익이 되고 남아 있으면 손해입니다.

혼자 하는 일은 성공합니다. 강력한 싹이 돋아나고 있습니다. 신분이 약간 상승합니다. 노력한 만큼 보람이 있습니다. 오해는 말끔히 풀립니다. 친지와 헤어질 수도 있으나 후회는 없습니다. 늘상 하던 일에서 떠날 수 있습니다. 과거는 어두웠으나 미래는 그렇지 않습니다.

뒤돌아보지 말고 앞만 보고 나가십시오. 새로운 발견으로 돌파구가 열립니다. 공적, 사적으로 여행갈 일이 생깁니다. 조직이 와해될 가능성이 있습니다. 가정은 불화가 예상됩니다. 약속이 지켜지지 않을 것입니다.

형사 사건은 유리한 결말을 이룰 것입니다. 지쳐 있지만 쉴 때가 아닙니다. 한걸음 더 나아가면 순탄해집니다. 유혹에 빠지기 쉽습니다.

**산택손**
**(山澤損)**

체력소모가 많습니다. 존경받거나 추대를 받습니다. 조금씩 모여 쌓여갑니다. 희생을 각오해야 합니다. 모아놨던 돈을 투자하게 됩니다. 연애는 서로 사랑하여 점점 깊어집니다. 주식은 겨우겨우 지탱합니다. 일석이조를 이룹니다. 투자한 것은 이익을 남길 것입니다.

인간관계가 견실해집니다. 잘 보호를 받게 됩니다. 무엇이든지 겨우겨우 이루어집니다. 밖으로는 안정되어 가고 안으로는 평화가 쌓입니다. 생산업이 잘 됩니다. 투기, 흥행사업은 안 됩니다. 금전 융통은 작고 힘들게 이루어집니다.

여행 가서 재미를 못봅니다. 애쓴 보람이 있습니다. 개인사업은 실패할 가능성이 높습니다. 상하 간에 협력이 잘 이루어집니다. 직장 내에서 단결이 최고조에 이릅니다. 천천히 전진하는 게 좋습니다. 사소한 일이 성과를 냅니다.

이끌고 밀고 손발이 척척 맞습니다. 친구 간에 의리가 깊어집니다. 믿고 맡기면 성공합니다. 책임감이 운명을 이끕니다. 대표자가 될 것입니다. 행복한 비밀이 생깁니다. 소비를 극도로 줄여야 합니다. 정성이 성공을 이끌어 냅니다. 믿으면 이익이 생기고 의심하면 손해가 생깁니다.

**42**

**풍뢰익**
**(風雷益)**

기초를 다지게 됩니다. 지금 시작하면 순탄합니다. 사랑을 만납니다. 권리, 권력이 생깁니다. 직장 내에서 부서의 장이 됩니다. 애쓴 보람이 나타나고 있습니다. 문제점을 찾아내서 해결하게 됩니다. 꾸준하여 무너지지 않습니다.

주식은 오래 투자할 때만 이익이 됩니다. 뜻밖의 제안이 옵니다. 계약이 이루어집니다. 약속을 변경하면 행운을 놓칩니다. 항상 뒤돌아 보면서 전진해야 합니다. 이윤이 확실해집니다. 양보할 필요가 없습니다. 은근한 실속이 생깁니다.

작은 싸움은 승리합니다. 직업이 생기거나 튼튼해집니다. 힘들지만 결실이 있습니다. 기르는 것은 잘 이루어집니다. 치료를 늦추면 큰 병으로 이어집니다. 꿈꾸던 것이 현실이 됩니다. 윗사람이 잘 이끌어 줍니다. 재미있는 일은 없으나 보람은 있습니다.

근면하면 하늘이 도와줍니다. 작은 것이 점차 확대됩니다. 고기든 사람이든 잘 낚아집니다. 화는 빨리 풀어야 기쁜 일이 생깁니다. 은혜를 베풀면 크게 이익이 돌아옵니다. 주장하거나 고백하면 수용됩니다. 한발 늦추면 길이 생깁니다.

**택천쾌**
(澤天夬)

현재 위치가 아주 불안합니다. 여자의 경우 남자로부터 버림받을 가능성이 높습니다. 명분 있는 싸움이지만 피해가 예상됩니다. 높은 자리에 있는 사람음 물러나게 됩니다. 아랫사람과 다투면 피해가 큽니다. 윗사람을 물리치고 진급을 합니다.

지나치게 무리하고 있습니다. 수술하지 않아도 낫습니다. 주식은 급락합니다. 반성과 사과를 하면 피해를 줄일 수 있습니다. 여행지에서 사고의 위험이 있습니다. 직원이 너무 많습니다. 오만하면 당장 사고가 납니다. 드디어 터져서 수습이 안 됩니다.

적은 없어지게 되어 있습니다. 천천히 해도 충분합니다. 새 여자가 생깁니다. 집안 내에서 사고가 납니다. 회사에서는 반역이 예상됩니다. 스스로가 자격이 있는지 잘 생각해야 합니다. 은행 돈을 쓰면 큰 빚만 지게 됩니다.

임신부는 아주 조심해야 합니다. 아들을 낳겠지만 조산입니다. 엄격함 때문에 자식이 가출합니다. 행동이 과장되어 있습니다. 상하의 싸움은 해결이 안 됩니다. 함께 하면 승리합니다. 힘이 넘쳐납니다. 여자는 매사에 조심해야 합니다. 어머니의 사고가 예상됩니다.

**천풍구**
(天風姤)

독단이 심하여 사고를 불러 옵니다. 여자가 심하게 굴어 남자를 쫓아냅니다. 잠깐은 승리하지만 큰 피해가 예상됩니다. 혼자 가면 무조건 실패합니다. 욕심이 많아 잃는 것이 더 많습니다. 재앙이 자라나고 있습니다. 윗사람으로부터 미움을 받습니다.

아예 말하지 말고 지내십시오. 친구 등이 속으로 싫어하고 있습니다. 공연히 일 벌여놓지 마십시오. 여자는 자중해야 합니다. 오르지 못할 나무 쳐다보지 마십시오. 일시적으로 남자가 생기지만 곧 도망갑니다. 여자가 생기지만 좋은 여자가 아닙니다.

신분을 망각하지 마십시오. 짜증을 내면 재앙을 불러 옵니다. 멀리 도망가 있으면 상책입니다. 질 싸움을 벌여놓고 후회합니다. 주식은 몽땅 날립니다. 사업을 시작하면 망합니다. 작은 문제가 커질 것이니 빨리 처리하십시오.

고집 때문에 망하는 중입니다. 남자는 많이 생기나 다 사라집니다. 고개 숙여 화해 하십시오. 재판은 집니다. 고소, 고발하면 오히려 손해가 됩니다. 재난에 대비해야 합니다. 좋지 않은 우연한 일이 발생합니다. 권리를 많이 양보해야 합니다. 기초가 제대로 되어 있지 않습니다. 일 저지르고 다니지 마십시오.

## 45

**택지췌**
**(澤地萃)**

벼락 출세의 운입니다. 여자의 경우 남자를 확실히 잡았습니다. 현재는 미미하지만 커나가고 있습니다. 오랜 고난에서 탈피합니다. 자신의 보금자리를 마련합니다. 직장이 생깁니다. 일감이 들어오고 있습니다. 약간씩 저축이 되어 갑니다.

행운을 끌어당기고 있습니다. 새로운 친구들이 많아집니다. 남자의 경우 아직 여자의 마음을 얻지 못했습니다. 도난 및 분실의 우려가 있습니다. 몸이 부어오르는 등 질병에 주의하십시오. 작은 살림살이지만 착실히 키워야 합니다.

아직 만족은 못하지만 확실한 기회를 잡게 됩니다. 겉보기보다 실속이 작습니다. 아랫사람을 잘 통솔하야 행운이 옵니다. 베이스캠프가 마련될 것입니다. 밖에서 도움이 옵니다. 오해는 마침내 풀립니다. 계약은 굳어집니다. 부지런하면 결실이 있을 것입니다.

약간의 낭비는 감안해야 합니다. 주식으로 큰 돈은 벌지 못합니다. 아직 경쟁력이 약합니다. 직장에서는 안정을 찾아가고 있습니다. 집에서나 밖에서 행복합니다. 전성기가 다가옵니다. 꽉 막혔던 것이 풀려 나갑니다.

뿌리가 약합니다. 동지를 규합하면 일이 풀려 나갑니다. 문제점은 아래쪽에 있습니다.

**46**

**지풍승**
**(地風升)**

운신의 폭이 넓어집니다. 기초가 단단해집니다. 전진이 계속됩니다. 개선이 이루어집니다. 애인이 생기고 사랑이 잘 됩니다. 주식은 급등합니다. 숨겨진 보물이 있습니다. 로또를 기대해 보십시오. 행운은 이제부터입니다. 물건이 멀리까지 팔려 나갑니다.

기쁜 소식이 옵니다. 행복한 마음이 깊어집니다. 부드러운 행동은 이익을 불러옵니다. 금전 융통, 자본 넉넉합니다. 친지, 동지들과 의사소통이 잘 이루어집니다. 자식이 잘 자라고 아래쪽으로부터 기쁨이 옵니다. 애쓴 보람이 나타나고 있습니다.

귀한 사람이 찾아옵니다. 이익이 잘 쌓여갑니다. 먼 곳에 갈 일이 생깁니다. 직장에서 신임이 두터워집니다. 건강은 아주 좋습니다. 유리하게 흥정이 이루어집니다. 좋은 일이 빈번히 생깁니다. 높은 곳에 진출이 가능해집니다. 널리 이름이 납니다.

계획한대로 진행됩니다. 욕심을 내도 좋습니다. 여럿이 경쟁해도 이깁니다. 큰 시험에 합격합니다. 오래된 일이 되살아납니다. 시작된 일은 오래 갑니다. 전방위로 기운이 확대됩니다. 가까운 곳에서 도움이 옵니다. 적극적으로 실력을 기르면 써먹을 데가 있습니다.

잃었던 것을 찾게 됩니다. 반드시 차례가 오니 걱정 마십시오. 이룩할 수 있는 것이 아주 많습니다. 아이디어가 펄펄 살아납니다.

**택수곤**
**(澤水困)**

심한 고독에 빠집니다. 체중이 줄거나 근력이 없어집니다. 친지들과 의사소통이 잘 안 됩니다. 애인과 다투거나 헤어집니다. 금전적으로 궁핍됩니다. 사업은 허울만 좋습니다. 감옥에 갈 가능성도 있습니다. 불만이 증대됩니다. 여자는 특히 더 고독해집니다.

스테미너가 고갈됩니다. 도와줄 사람이 없습니다. 말을 적게 하면 액운이 사라집니다. 괴로울 때일수록 남을 도와 보십시오. 변비 등 잔병은 사라집니다. 수술은 성공합니다. 짝사랑에 빠지게 됩니다. 사업은 적자가 누적됩니다. 오해받고 있다면 적극 해명하십시오.

가족이 중병을 앓고 있다면 사망합니다. 멀리 나가면 몸을 다칩니다. 마음을 낮추면 회복됩니다. 집안에 우환이 발생합니다. 겉보기만 그럴듯하고 실속이 없습니다. 사기를 당할 것이니 조심하십시오. 주식을 하면 다 털립니다. 신규사업은 미루어야 합니다.

개혁이 필요할 때입니다. 아랫사람에 대해 과보호, 참견 등은 반발을 초래합니다. 헛김이 샙니다. 제발 남의 말을 듣도록 하십시오. 위치가 아주 불안합니다. 회사에서는 나쁜 자리로 이동할 수 있습니다. 사람을 초대하면 행운이 옵니다. 이사를 가면 완전히 망합니다.

**48**

**수풍정**
（水風井）

수입이 증대됩니다. 사업은 활성화됩니다. 사랑은 깊어지고 행복합니다. 금전 융통 잘 됩니다. 주식은 계속 벌어들입니다. 이익이 쌓여가고 손해는 줄어듭니다. 새로운 일을 시작하면 아주 순탄합니다. 가까운 곳에 자주 여행합니다.

친구들이 모여듭니다. 외로움은 완전히 사라집니다. 건강은 넘쳐 흐릅니다. 집안 전체가 활기를 띕니다. 밖으로 자주 나가면 이득이 됩니다. 물건은 계속 팔려 나갑니다. 하던 일을 중단하면 손해를 봅니다. 식복, 자식복, 재물복이 있습니다. 수명이 길어집니다.

새로운 일이 자주 생기게 됩니다. 기반이 튼튼해집니다. 임신부는 득남하게 됩니다. 외교는 아주 넓어집니다. 좋은 생각이 계속 떠오릅니다. 싸움을 하면 오래 갑니다. 타협을 하면 이익이 됩니다. 새 옷, 새 물건 등이 생깁니다. 직원, 동지, 식구 등이 늘어납니다.

행운의 샘을 발견하게 됩니다. 큰 돈보다는 꾸준히 돈이 들어옵니다. 노력을 증가할수록 이익도 증가합니다. 마음을 열고 남에게 베풀면 운이 더 좋아집니다. 투기 사업은 해서는 안 됩니다. 이사를 가면 여러모로 이득이 됩니다. 자신의 영역이 확대됩니다.

소문이 좋게 퍼집니다. 비밀은 탄로나니 나쁜 일을 만들지 마십시오.

**49**

**택화혁**
**(澤火革)**

울분 터질 일이 생깁니다. 수술할 가능성이 많습니다. 갑작스런 일이 발생할 수 있습니다. 참고 또 참아야 합니다. 절대로 여행하지 마십시오. 구속될 가능성이 있습니다. 자본이 꽁꽁 묶여 있습니다. 싸움을 하면 대형사고가 납니다.

주식은 놔두면 크게 오릅니다. 가정 불화가 심할 것입니다. 사장이 바뀔 수 있습니다. 잃어버린 물건, 돈 등을 찾게 됩니다. 운신의 폭이 아주 좁아집니다. 부도가 우려됩니다. 화근이 쌓여 있습니다. 오해를 받고, 오해를 합니다.

애인과 헤어질 가능성이 많습니다. 일이 안풀려 답답합니다. 임신의 우려가 있습니다. 임산부는 딸을 낳을 것입니다. 사업은 막혀 있지만 머지 않아 회복됩니다. 모험은 삼가십시오. 현재 욕심이 과합니다. 아랫사람이 배신할 수 있습니다. 애들이 속썩입니다.

감당 못할 일이 생깁니다. 비밀 유지가 안 됩니다. 여자의 경우 애인이 생겨도 오래 가지 못합니다. 주변에 나를 미워하는 사람이 많습니다. 독재자 같은 자세를 바꾸어야 합니다. 역할을 축소해야 합니다.

직장생활이 불안합니다. 마음의 문을 활짝 열어두어야 합니다. 재앙이 두렵습니다. 나쁜 친구들이 있습니다.

**50**

**화풍정**
**(火風鼎)**

결말이 아주 좋습니다. 축하를 받을 것입니다. 목표에 도달합니다. 흐뭇한 일이 생길 것입니다. 사업은 한몫 단단히 잡게 됩니다. 인기가 높아집니다. 크게 인정받게 됩니다. 싸울 필요가 없습니다. 아름다워집니다. 사랑은 결혼으로 골인합니다. 기쁜 일이 생깁니다.

주식은 팔면 이익이 됩니다. 새로운 일은 시작할 때가 아닙니다. 로또가 당첨됩니다. 행복이 오래 지속됩니다. 꽃을 선물받게 됩니다. 명성과 명예가 높아집니다. 막혔던 것이 시원하게 뚫립니다. 하던 일은 계속할수록 좋습니다.

화근이 사라집니다. 병은 완전히 낫습니다. 실력 경쟁에서 크게 이깁니다. 도박에서 돈을 땁니다. 진급이 이루어집니다. 많은 사람으로부터 사랑과 신임이 생깁니다. 오래 끌던 일이 계약됩니다. 씨를 뿌릴 때가 아니고 수확할 때입니다.

빌려준 돈을 받게 됩니다. 상을 타거나 유산을 물려받습니다. 임산부는 딸을 낳습니다. 직장에서 좋은 직책을 맡게 됩니다. 고통은 사라지고 평화가 도래합니다. 경사스런 일이 생길 것입니다. 연애는 행복의 절정을 이룹니다. 애인은 생길 것입니다.

시간이 지날수록 더 좋아집니다. 매사에 자신감이 생깁니다. 면허증을 따게 됩니다. 마침내 승리의 때가 왔습니다.

**51**

**진위뢰**
**(震爲雷)**

놀랄 일이 생길 것입니다. 변화가 많아집니다. 일이 마무리가 안 됩니다. 심정 변화가 많습니다. 이사 운이 있습니다. 현재 있는 자리가 불편합니다. 심정 변화가 많습니다. 이사 운이 있습니다. 남과 다툼이 많아집니다. 애인과는 헤어지게 될 것입니다. 전진과 후퇴가 반복됩니다.

질서가 잡혀있지 않습니다. 피곤한 일이 많습니다. 직장에서는 자리 이동이 있습니다. 일을 해도 이익이 남지 않습니다. 화가 자주 납니다. 헛된 노력이 많습니다. 낭비가 많습니다. 먼 곳 여행은 위험합니다. 외출이 잦아집니다. 바쁘기 때문에 심심하지 않습니다.

용두사미가 됩니다. 대단한 일인 것 같지만 내용이 없습니다. 수술을 하게 됩니다. 자동차 사고의 위험이 많습니다. 좋았던 것은 나빠집니다. 나빴던 일은 새로운 기회를 맞이합니다. 해도해도 만족이 안 됩니다. 밖에서도 싸우고 안에서도 싸울 것입니다.

사람은 많이 만나게 됩니다. 양적인 것보다 질적인 수준을 높여야 합니다. 가급적 일은 벌이지 않는 것이 유리합니다. 현상은 깨집니다. 빌려준 돈은 받지 못합니다. 먼 곳에서 소식이 옵니다. 주식은 하나마나입니다.

시험에 떨어집니다. 외교가 결실을 맺지 못합니다. 약속이 깨집니다. 투자를 하면 다 날립니다. 실수가 많아집니다.

**52**

간위산
(艮爲山)

전진이 안 됩니다. 집값이 오릅니다. 애인은 생기지 않습니다. 자리가 안정됩니다. 한가하고 심심합니다. 멀리 나갈 일 자체가 없습니다. 심한 고독이 몰려 옵니다. 남에게 도움을 받지 못합니다. 금전 융통은 안 됩니다. 새로운 사업은 실패합니다. 시험에 떨어집니다.

건강이 나빠지지는 않으나 생긴 병은 오래 갑니다. 주변과 의사소통이 안 됩니다. 비밀은 들키지 않습니다. 명성, 명예는 없습니다. 이익도 손해도 없습니다. 우정은 굳건해집니다. 싸움은 이기지 못하지만 지는 것도 아닙니다. 모든 액운은 나의 고집 때문입니다.

진급에서 탈락됩니다. 일감이 늘어나지 않습니다. 손님이 뚝 떨어집니다. 무거운 물건을 파는 사업은 성공합니다. 집을 멀리 떠날수록 사고 위험이 증가합니다. 저축은 이루어집니다. 신규사업은 출발부터 문제가 생깁니다. 절대로 나의 의견을 내면 안 됩니다.

일이 연기되는 경우가 잦습니다. 가만 있으면 피해가 훨씬 줄어듭니다. 장기적인 계획은 성공합니다. 아주 느리게 더 느리게 해야 합니다. 집안에 환자가 있다면 사망할 가능성이 큽니다. 일은 자연에 맡겨야 합니다. 변화가 적어 지치고 있습니다. 모든 일을 길게 보고 견디십시오. 창조성이 결여되어 있으니 방법을 바꿔야 합니다.

**53**

**풍산점**
(風山漸)

겨우 조금 풀리고 있습니다. 일단 계약은 성사됩니다. 남녀 간에 최초의 감정이 소통되고 있습니다. 애인이 생깁니다. 남녀의 우정이 애정으로 바뀌고 있습니다. 꽉 막혔던 것이 해빙기를 맞고 있습니다. 인내심을 발휘하면 일은 성사됩니다.

악수를 했으나 다음 단계는 포옹입니다. 부동산 가격은 조금씩 오르겠습니다. 주식은 오르기 시작합니다. 전진의 속도가 아주 느립니다. 판도가 점점 넓어질 것입니다. 오해는 풀립니다. 약간씩 사람이 모입니다.

금전 융통은 늦어집니다. 사업은 연기할수록 좋습니다. 벌여놓은 사업은 현상 유지 정도입니다. 후퇴하는 경우는 없습니다. 이익이 적습니다. 경쟁에서 뒤집니다. 큰 행운은 오지 않습니다. 투자는 소극적으로 하십시오. 여행을 하면 집안에 우환이 생깁니다.

남과 함께 하는 일은 됩니다. 답답한 상태이지만 머지 않아 개선됩니다. 이익은 적어도 부지런해야 합니다. 동작이 느리면 손해를 봅니다. 사소한 일도 크게 기뻐해야 합니다. 병이 오래 갑니다. 새 것보다 헌 것이 낫습니다. 오래된 것에서 꽃이 필 것입니다.

설득에 성공할 것입니다. 열 번 찍으면 성공합니다. 시야를 넓혀야 합니다. 마음을 바꾸어 볼 필요가 있습니다.

## 54

## 뇌택귀매
(雷澤歸妹)

전진은 하고 있지만 지쳐가는 중입니다. 고향을 떠나거나 집을 떠나게 됩니다. 활동무대를 넓혀야 합니다. 남자는 여자의 품을 떠나지 못하고 있습니다. 떠나간 남자가 되돌아옵니다. 일이 축소될 것입니다. 파격이 필요한 때입니다.

뒤돌아 보면 손해입니다. 소극적인 태도를 버려야 합니다. 미련 때문에 일을 그르칩니다. 견문을 넓히려고 노력해야 합니다. 큰 계획을 세우지 마십시오. 충분한 준비가 필요합니다. 금전 융통은 안 됩니다. 주식은 내려갑니다.

큰 행운을 기대하지 마십시오. 용기는 행운을 일으킵니다. 아이가 병들 것이니 잘 보살펴야 합니다. 장사 터를 잘못 잡았습니다. 계약은 파기되거나 이익이 적습니다. 앉아서 이익 볼 생각은 버려야 합니다. 건강이 나빠지고 있습니다. 병은 회복되는 듯 하다가 다시 도집니다.

포기하고 지내면 속상할 일은 없습니다. 멀리 발돋움하지 못합니다. 저축이 고갈될 우려가 있습니다. 오직 실력만이 중요합니다. 다 된 밥에 재가 뿌려집니다. 기쁨이 분노로 바뀔 가능성이 있습니다. 약해지면 곤란해집니다. 마음을 열어 보이십시오. 본인의 자세가 운을 나쁘게 만들고 있습니다.

**55**

**뇌화풍**
**(雷火豊)**

작은 사건이 눈덩이처럼 커집니다. 여자의 경우 많은 남자가 나타납니다. 고민이 쌓여갑니다. 갇힐 우려가 있습니다. 사랑은 너무 육체적으로 가고 있습니다. 생산업은 잘 될 것입니다. 승부는 이길 수 없습니다. 주식은 오래 놔둬야 이익이 됩니다.

계약은 상사됩니다. 건강은 아주 위험합니다. 암의 위험도 있습니다. 실수가 화근이 됩니다. 집착이 너무 심해 운이 나빠집니다. 유감, 원한을 빨리 풀지 않으면 패가망신합니다. 돈을 아끼지 말고 좀 써야 합니다. 우정은 더욱 깊어집니다. 새로움이 없습니다.

동업은 최적입니다. 의기투합이 잘 이루어집니다. 사람이 많이 모입니다. 밖으로 발산을 해야 합니다. 먼 곳 여행은 사고를 일으킬 것입니다. 앉아 있으면 문제가 발생하고 움직이면 조금은 풀립니다. 전반적으로 개선이 필요한 때입니다.

몸이 붓고 소화불량에, 무겁습니다. 세상을 단순하게 보는 게 좋습니다. 자기 꾀에 자기가 다칩니다. 오래 끌면 끌수록 손해입니다. 잊지 못하는 것이 큰 병입니다. 단체, 조직은 커나가지만 효율은 최악입니다. 유연성 부족으로 해결이 안 됩니다.

사업은 침체기에 접어들 것입니다. 욕심을 아예 없애면 액운이 사라집니다. 남에게 많이 베풀어야 액운이 사라집니다. 낭비를 두려워 마십시오. 아끼다가 큰 병을 얻습니다.

**56**

**화산려**
**(火山旅)**

답답한 곳에서 해방됩니다. 애인과 헤어지게 됩니다. 여행을 가게 됩니다. 집을 떠나 있으면 행운이 무럭무럭 자랍니다. 배신당하고 고독합니다. 이사를 가면 행운이 옵니다. 뭐든지 바꾸십시오. 침체에서 벗어납니다. 하던 일을 중지하면 행운이 옵니다. 엉뚱한 일을 하면 좋습니다.

자유스럽지만 피로가 누적됩니다. 건강은 유지되지만 더욱 조심해야 합니다. 오해를 많이 받습니다. 오래된 사업이 뜹니다. 마침내 실력 발휘를 할 수 있습니다. 휴식이 많이 필요합니다. 믿을 곳은 자기 자신입니다. 사람을 믿으면 실망합니다.

여러 방향을 살피십시오. 욕심, 욕정을 가라앉혀야 합니다. 서두를 것 없습니다. 도처에 기회가 많습니다. 너무나 파격적입니다. 죄는 없으나 방법을 고쳐야 합니다. 싸우면 소득이 없습니다. 주식은 다 날립니다. 인생에 새로운 변화가 옵니다.

목표를 줄여야 합니다. 오로지 노력으로만 성공합니다. 기다리면 안 되고 나서야 합니다. 겸손하면 이익이 됩니다. 세월이 많이 낭비됩니다. 원칙을 좀 더 강하게 해야 합니다. 사람 사귀는 폭을 넓혀야 합니다.

긴장을 풀고 여유를 가지십시오. 일을 하면 무조건 성과가 있습니다. 새로움으로 나아가십시오. 흩어지지만 다시 모입니다. 낭비는 많지만 필요한 것입니다. 당분간 정착할 생각을 하지 마십시오.

**57**

**손위풍**
**(巽爲風)**

새로운 기운이 조성되고 있습니다. 좋은 일이 여기저기 많이 생기고 있습니다. 바쁘지만 피곤하지 않습니다. 유명해질 것입니다. 이사를 가게 됩니다. 직장에서 자리 변동이 있습니다. 변덕이 너무 심합니다. 낭비가 많습니다.

금전 융통은 되지 않으나 꾸려나갈 수 있습니다. 이익이 많지 않습니다. 주변에 사공이 너무 많습니다. 주식은 완전히 망합니다. 하던 일을 처음부터 다시 시작하게 됩니다. 사교는 성립되지만 일시적일 뿐입니다. 절제력이 없어서 위험합니다.

일감은 점점 많아집니다. 사람들을 많이 만나게 됩니다. 지금 장사를 시작하면 손님이 들끓게 됩니다. 무거운 일은 성공 못 합니다. 큰 사업보다는 작은 사업이 성공합니다. 말이 많아 행운을 차버립니다. 그럴 듯 하지만 실속이 없습니다. 많이 속을 것입니다.

화려한 옷을 입지 말고 묵직한 옷을 입어야 합니다. 방황하게 됩니다. 많은 친구와 어울리면 아이디어가 생깁니다. 여행을 자주 하게 됩니다. 심지가 너무 약합니다. 저축이 안 됩니다. 생기는 돈은 작고 쓸 곳은 많아집니다.

지나친 개선은 불안을 초래합니다. 정신을 수습하지 않으면 사고를 당합니다. 건강은 잔병이 많습니다. 연애는 깨집니다. 자세를 정중하게 바꾸십시오. 침착함이 결여되어 있습니다. 사람 말을 액면 그대로 믿지 마십시오. 목표를 정할 때 단순하게 하십시오. 마음이 지나치게 낙관적입니다.

**58**

## 태위택
### (兌爲澤)

행복해질 것입니다. 차곡차곡 쌓여갑니다. 애인이 생길 것입니다. 정착하게 됩니다. 여행을 하면 나쁩니다. 좋은 행사가 많습니다. 사업은 확실히 자리를 잡습니다. 직장에서 마음에 드는 보직을 받게 됩니다. 주인공이 됩니다.

주식은 제자리 걸음입니다. 새 집을 마련하게 될 것입니다. 금전 융통 잘 됩니다. 침착한 마음이 행운을 불러옵니다. 건강은 아무 염려 없습니다. 집안 식구들에도 좋은 일이 생깁니다. 싸움은 큰 실망을 가져옵니다. 하늘이 줄 것이니 너무 애쓰지 마십시오.

작은 이익이 자주 생깁니다. 포용력이 많을수록 행운도 증가합니다. 신망이 두터워집니다. 권위와 품위가 지켜집니다. 남이 부러워할 것입니다. 친구와 만나면 일이 더 잘 풀립니다. 어른을 공경하면 좋은 일이 생깁니다. 단정한 모습 계속 이어가십시오.

개인 사업 성공합니다. 남에게 투자해도 성공합니다. 필수품 사업은 크게 성공합니다. 먼 곳보다는 가까운 곳에서 좋은 일이 생깁니다. 하늘이 주는 행운을 남에게 나누어 주십시오. 지금 좋으나 나쁜 날을 대비해 두어야 합니다.

견고함이 부족합니다. 행운이 길어진다고 방심하면 안 됩니다. 약간씩 궤도 이탈이 필요합니다. 남의 장점을 받아들여야 합니다. 이웃과 잘 사귀면 큰 도움이 생깁니다. 집안이 평안하고 어른 아이 다 잘 되고 있습니다.

**59**

**풍수환**
**(風水渙)**

질서가 무너지고 있습니다. 재정 손실이 발생합니다. 금전 융통은 안 됩니다. 여자의 경우 남자로부터 배신당합니다. 의리를 지키지 못 합니다. 실수 투성이입니다. 방심, 방탕으로 인해 점점 나빠집니다. 계약은 다 된듯하나 깨지게 됩니다. 이번 일은 틀렸으니 다음을 기약하십시오.

몸과 마음을 단정하게 하십시오. 대범한 것보다 오히려 쩨쩨한 것이 낫습니다. 단결이 어느 때보다 필요합니다. 허전하고 고독해집니다. 남을 비웃다가는 완전히 망합니다. 신중함이 결여되어 점점 꼬이게 됩니다. 친구에게 겸손하십시오. 겉보기에 그럴 듯 하지만 속고 있는 것입니다.

나쁜 소문이 난무합니다. 모든 것이 들통나고 부끄러워집니다. 싸워서 이길 수 없습니다. 주식은 망할 것입니다. 사기를 당할 수 있습니다. 헛고생만 하게 됩니다. 진중한 자세를 취하면 손해를 줄일 수 있습니다. 입을 꼭 다물고 웃음도 자제하십시오.

술 마실 때가 아닙니다. 병은 말끔히 치유됩니다. 지금 투자하면 버리는 것이나 마찬가지입니다. 앞만 보지 말고 뒤를 좀 보세요. 빠른 것은 자랑거리가 못 됩니다. 이것저것 일 벌여놓지 마십시오. 정장을 입고 지내야 합니다.

물을 건너가다 배가 전복할 수 있습니다. 절이나 산 속에 가서 잠시 피신해 있으면 근심은 사라집니다.

**60**

**수택절**
**(水澤節)**

행동이 적절하여 사고가 없습니다. 현재 있는 곳이 행복한 곳입니다. 이상적인 애인을 만날 것입니다. 친지들과 사이가 더욱 좋아집니다. 사업은 지속적으로 발전할 것입니다. 하나씩 완성해 나아가야 합니다. 여행하면 피곤하고 이익이 없습니다.

생각을 많이 하면 이익이 됩니다. 침착하면 매사가 잘 풀립니다. 직장에서 알맞은 직책을 가질 것입니다. 움직이면 효과가 있습니다. 모든 사람으로부터 신임을 얻습니다. 남을 도와주면 하늘이 상을 줄 것입니다. 아량을 크게 넓혀야 합니다. 욕심은 조금씩 키워나가도 좋습니다.

위험한 듯 보이지만 파괴되지 않습니다. 투자는 성공합니다. 금전 융통은 잘 됩니다. 이사를 가면 우환이 생깁니다. 건강은 잘 유지될 것입니다. 주식은 큰 이익이 없습니다. 자그마한 사업은 무조건 성공합니다. 가까운 사람과 의논하십시오.

더욱더 여유를 가져야 합니다. 편안하고 평화스럽습니다. 단체, 가정 등 크게 안정됩니다. 원리 원칙을 지켜야 합니다. 사랑한 만큼 사랑을 받습니다. 절제는 행운의 문입니다. 소극적일 필요는 없습니다. 하늘의 보호를 받을 것입니다.

천천히 가면 무엇이든 이익이 됩니다. 자기 몫은 항상 남아 있습니다. 예쁜 옷, 단정한 옷을 입으면 행운이 옵니다. 격조를 높이면 크게 성공합니다.

**풍택중부**
**(風澤中孚)**

공든 탑이 무너지지 않습니다. 생기 넘치는 시기가 도래했습니다. 여자의 경우 좋은 남자가 나타납니다. 남자의 경우 여자가 호감을 갖기 시작했습니다. 가슴을 펴고 일을 처리하십시오. 하늘이 안내하고 있습니다.

투자를 하면 크게 성공합니다. 주식은 계속 오릅니다. 계약은 잘 이루어집니다. 기다리던 일이 움직이기 시작했습니다. 사랑은 절정, 부부는 화합합니다. 위에서 이끌어 주고 아래에서는 받들어 줍니다. 존경받고 신뢰를 얻습니다.

직장에서 크게 공을 세웁니다. 포부가 이루어집니다. 험난해도 사고가 없습니다. 모든 사업이 꾸준히 커나갑니다. 가슴을 열면 친구가 많습니다. 절제하면서 욕심을 내도 됩니다. 재산은 증식되어 갑니다. 나의 성실함을 하늘이 알아 줍니다. 평화와 발전이 함께 이룩됩니다.

가만 있으면 이익인데 굳이 싸울 필요 없습니다. 지나치지만 않으면 일마다 성공합니다. 가까운 여행을 자주 다니게 됩니다. 봉급이 오르고 보너스도 받습니다. 적게 쓰고 많이 생깁니다. 금전 융통 잘되고 쓰일 곳에 쓰입니다. 임산부는 딸을 낳습니다.

아름답게 지내면 뜻밖의 행운이 옵니다. 로또를 살 때입니다. 단체 협약을 이룹니다. 약속을 잘 지키는 것은 행운의 꽃입니다. 가슴이 행복감으로 충만할 것입니다. 아랫사람을 이끌어 줘야 합니다. 계속 오늘날 같기만 희망하십시오. 건강은 극대화됩니다.

**뇌산소과**
**(雷山小過)**

잔뜩 벌여놔야 소용없습니다. 쩨쩨한 마음을 버려야 일이
성사됩니다. 연애는 깨집니다. 애인은 생기지 않습니다. 친
구 간에 오해가 생깁니다. 건강은 심히 염려스럽습니다. 계
약은 이루어지지 않습니다.

발상의 전환이 시급합니다. 이기적인 마음은 파멸을 부릅
니다. 반성, 또 반성해야 합니다. 주식은 완전히 망합니다.
투자금은 다 날립니다. 지금은 행동할 때가 아니고 연구할
때입니다. 실력을 믿지 말고 협동해야 합니다.

절약은 미덕이 아닙니다. 포부가 시시합니다. 허황된 꿈을 버리십시오. 사람을 계
속 만나야 합니다. 집 속에만 있으면 벼락 맞습니다. 여행지에서 큰 사고를 당합
니다. 여자는 강간당할 우려가 있습니다.

마음을 감추면 행운이 달아납니다. 경쟁, 승부 다 나쁩니다. 시험에 떨어집니다.
사업은 계속 축소됩니다. 금전 융통이 안 되고 빚을 지게 됩니다. 건강은 최악, 사
망할 수도 있습니다. 대인관계는 무너지고 있습니다. 하늘에 제사를 지내면 좋을
듯 합니다.

이기적인 마음을 버리면 풀려 나갑니다. 사람을 버리고 무엇을 얻겠습니까! 집값
은 계속 떨어집니다. 이사를 가면 다소 풀립니다. 이기려 하지 말고 타협을 하십
시오. 부당한 이익은 오히려 크게 다칩니다.

**63**

**수화기제**
**(水火旣濟)**

끊임없이 펑크가 나고 있습니다. 완벽주의는 파탄을 부릅니다. 너무 소심하여 행운은 오지 않습니다. 많은 포기가 필요합니다. 나만 잘난 것이 아니라는 것을 명심해야 합니다. 까다로워 사랑이 유지되기 힘듭니다. 생각이 많아도 접어두십시오. 듣고 받아들여야 합니다.

친구들이 다 싫어합니다. 굵직한 사람이 되십시오. 일 잘하고 욕먹습니다. 공적인 임무를 맡으면 사고 납니다. 큰 일은 절대 성공 못합니다. 잘못을 저지르고 변명하지 마십시오. 한번 터진 일은 수습이 안 됩니다. 마음을 자주 바꾸면 큰일 납니다. 건강은 항상 문제가 발생합니다.

다 된 밥에 재가 뿌려집니다. 행운이 있어도 오래 가지 않습니다. 남 얘기 하지 말고 자신이나 걱정하세요. 정장을 피하고 캐주얼 복장을 하십시오. 술을 좀 마실 필요가 있습니다. 살림을 잘 하는 것 같지만 문제가 있습니다. 자랑하지 말고 참견하지 말아야 합니다.

어른 말을 들으세요. 직장에서 신임 못 받습니다. 일을 분산시키면 양쪽 다 실패합니다. 좋은 면만 기대하지 말고 나쁜 면을 조심하십시오. 결단력이 필요합니다. 중요하지 않은 일에 몰두하지 마십시오. 큰 사업은 꿈도 꾸지 마십시오.

**64**

## 화수미제
## （火水未濟）

점점 수습되어 갑니다. 반성은 즉각적인 이익이 생깁니다. 과거부터 청산해야 운이 도래합니다. 새로운 사람을 만나야 합니다. 연애는 싸움나고 깨집니다. 애인은 생길 때가 안되었습니다. 중매도 좋지 않은 시기입니다. 기다리면 다 잘될 것입니다.

씀씀이를 줄여야 합니다. 남의 잘못은 이해하고 내 잘못은 벌 받는 게 낫습니다. 고통은 행운으로 이어집니다. 모순을 고치면 행운이 옵니다. 더 나빠질 것이 없으니 마음 편히 가지세요. 쥐구멍에도 볕이 듭니다. 지치지 마십시오.

헛김 새는 일이 많으나 건질 게 있습니다. 일의 시작이 잘못되어 있습니다. 한 가지 일이라도 해결하고 다음으로 넘어가세요. 생각을 약간만 고치면 다 잘 되어 나갈 것입니다. 남의 말은 무조건 다 옳습니다. 중대한 착각을 하고 있습니다.

사기 당하고, 도둑 맞고, 분실합니다. 뜰에서 샌 바가지 부엌에서도 샙니다. 새로운 것을 만들지 말고 고장난 것이나 고치십시오. 기회가 자주 올테니 끝까지 기운을 내십시오. 엉뚱한 생각 때문에 피해가 많습니다. 중간이나마 유지하도록 힘쓰세요.

반복되는 불운은 자신을 탓해야 합니다. 원칙이 무너져 있습니다. 대충 처리하는 버릇을 고쳐야 합니다. 남이 날 알아주기를 바라지 말고 내가 남을 알아줘야 합니다. 꼼꼼하지만 실수가 너무 많습니다.

# 주역으로 배우는 운명학

지은이 | 김승호
펴낸이 | 유재영 · 유정용
펴낸곳 | 주식회사 동학사

1판 1쇄 | 2023년 1월 20일

출판등록 | 1987년 11월 27일 제10-149

주소 | 04083 서울 마포구 토정로53 (합정동)
전화 | 324-6130, 324-6131 · 팩스 | 324-6135
E-메일 | dhsbook@hanmail.net
홈페이지 | www.donghaksa.co.kr
　　　　　www.green-home.co.kr

ISBN  978-89-7190-848-8  03140